与最聪明的人共同进化

HERE COMES EVERYBODY

湛庐CHEERS

光之世界

MYTHS OF LIGHT:
EASTERN METAPHORS OF
THE ETERNAL

[美] 约瑟夫·坎贝尔
JOSEPH CAMPBELL
著

黄增喜
译

JOSEPH CAMPBELL
FOUNDATION

华龄出版社
HUALING PRESS

测一测

你足够了解身处其中的东方神话吗？

扫码激活这本书
获取你的专属福利

扫码获取全部测试题及答案，
收获东方神话的智慧

- 印度人的“正法”和古埃及人的“秩序”，就相当于中国的“道”，指的是宇宙秩序。这种说法对吗？（ ）

  A. 对

  B. 错

- 《奥义书》诞生于公元前 8 世纪左右，是古印度哲学文献总集。这种说法对吗？（ ）

  A. 对

  B. 错

- 在全世界的神话体系中，公牛与______象征着月亮，代表着死亡与重生。（ ）

  A. 山羊

  B. 蛇

  C. 狮子

  D. 蜥蜴

扫描左侧二维码查看本书更多测试题

约瑟夫·坎贝尔

20世纪伟大的神话学大师

Joseph Campbell

- 让远古神话与现代人再度对话的思想大师
- 拯救人类心灵的哲学家与心理学家
- 西方流行文化的一代宗师

约瑟夫·坎贝尔传奇的一生有如其著作中的探险英雄，在经历了启程—启蒙—考验—归来这样一种仪式性的四个阶段之后，完成了一种向上的循环，画出了一个首尾相贯的圆。

01 启程 (DEPARTURE)

神话的召唤

约瑟夫 · 坎贝尔 1904 年生于美国纽约一个天主教家庭，在这个距神话时代极为遥远的现代化繁华大都市中，却造就了美国当代最著名的神话学家。孩提时代，坎贝尔跟随父亲去参观自然历史博物馆，他在那里看到了林林总总的原始图腾，这使他开始对印第安人的生活与文化产生兴趣。五六岁时，父亲带坎贝尔和他的弟弟去看当时非常流行的“野牛比尔”西部秀，尽管牛仔是演出的主角，但坎贝尔后来在书中写到，他完全“被印第安人的形象迷住了”。10 岁时，坎贝尔读完了当地图书馆儿童区所有关于印第安人的书，并被特许进入成人区阅读。直觉告诉他，了解神话是通往人类心灵奥秘最直接的道路，而这也许是坎贝尔日后对民族学、人类学产生兴趣与进行研究的基础。

02 启蒙 (INITIATION)

来自灵性大师的第一次启蒙

19 岁的坎贝尔跟家人一起游历欧洲时，途中经历了一次有趣的人生奇遇。他在甲板上看到三个深棕肤色的人，其中之一就是印度传奇哲学家克里希那穆提。在一位年轻女士的引荐下，坎贝尔认识了这位伟大的东方哲学家。这次经历让坎贝尔醍醐灌顶，并成为他认识印度和亚洲世界的开始。

大文豪乔伊斯为他引路

1927 年，在哥伦比亚大学获得文学硕士学位后，坎贝尔来到巴黎继续深造。在这里他深受欧洲当代艺术的影响。一次偶然的机会，坎贝尔发现巴黎所有的书店里都有詹姆斯 · 乔伊斯的著作《尤利西斯》，而这本书在美国是禁书，无处可寻。

坎贝尔对乔伊斯的作品非常着迷，甚至在他新婚期间，乔伊斯都和他的妻子具有同样的分量。坎贝尔经常一手挽着妻子，一手拿着乔伊斯的作品《芬尼根的守灵夜》。乔伊斯的出现，引导坎贝尔走向了“大发现”的世界，而在这之前，他一直走在一条狭窄笔直的学术道路上。

与荣格等心理学大师共事

坎贝尔结束在巴黎的学习后，前往慕尼黑大学重拾对中世纪文学的研究。在这段时间里，他结识了众多现代主义大师，这些人都是当时他在美国闻所未闻的大人物：心理学家弗洛伊德、荣格，法国雕塑家安托万·布德尔，著名画家毕加索，以及德国大文豪、诺贝尔文学奖得主托马斯·曼。弗洛伊德和荣格让坎贝尔认识到神话与心理学的关联，并让他发现神话能够鼓舞和活化人们的心灵。而与荣格的缘分，也一直延续到坎贝尔的花甲之年。

03 考验（TRIALS）

历经考验铸就《千面英雄》

1929年，坎贝尔从欧洲返回纽约后，立刻向他的导师和朋友们分享了神话的潜能和魅力，但没有人能够真正理解他，这让他放弃了博士项目。他曾尝试创作小说，取得了一定的成功，但最终也放弃了。

坎贝尔唯一没有放弃的就是阅读，几年之内，他涉猎了大量美国现代文学、哲学和心理学作品，也搜集了各种文化下的神话传说。5年后，坎贝尔被莎拉·劳伦斯学院（Sarah Lawrence College）聘为教授，他的课程因为引入了自己的神话学研究而大受欢迎。

抱着教会人们如何阅读神话的目的，坎贝尔耗时5年，写下了奠定自己神话学权威地位的巨著《千面英雄》。这本书于1949年一经出版，便广受读者追捧，销量一路领先，很难相信，它曾经被两家出版社拒之门外。

坎贝尔在莎拉·劳伦斯学院执教了38年，当时，该学院还是一所只招收女性学生的高校。执教生涯里，坎贝尔一直在向学生们讲授神话学。同时，他也告诉学生，关于神话，他讲授的一切都是男性所说和所经历的，女性应当从自己的角度告诉世界，女性未来的可能性是什么。坎贝尔十分有先见之明地说：“世界尚未真正认识到女性的力量，这种力量一定会呈现出来，我们只需拭目以待。”

> 每个人都拥有自己的蕴藏强大能量的梦中万神殿。英雄必须一次又一次地通过艰难的障碍。
>
> ——坎贝尔

04 归来

（RETURN）

乔治·卢卡斯终生追随的精神导师

好莱坞导演乔治·卢卡斯读到坎贝尔的《千面英雄》后大为震惊，他发现坎贝尔在书中表达的很多想法都和自己不谋而合，卢卡斯也因此迷上了对神话历程的分析。后来，《千面英雄》成为《星球大战》的重要灵感来源。卢卡斯称坎贝尔是“一位了不起的学者，一个了不起的人”，并将坎贝尔视为自己终生追随的精神导师。坎贝尔的作品亦是无数好莱坞大片成功的基础，被好莱坞众多导演、编剧列为必读书目。

影响奥巴马、乔布斯的当代神话学巨擘

20 世纪 60 年代，坎贝尔成为嬉皮士创作灵感的重要源泉，“苹果教父”史蒂夫·乔布斯也深受其影响。除了乔布斯，美国前总统奥巴马及其母亲都是坎贝尔的忠实粉丝，“哈利·波特”系列图书的作者 J.K. 罗琳也多次提到坎贝尔及其作品，坦陈自己的小说创作深受坎贝尔的影响。美国前总统肯尼迪的夫人杰奎琳更是担当坎贝尔《神话的力量》一书的编辑，并将其视为最值得骄傲的成就。

结 语

20 世纪 80 年代，“坎贝尔热”席卷全美，“感恩而死”摇滚乐队不断从中发现音乐创作的灵感，更有无数艺术家，甚至游戏编程人员对他顶礼膜拜。1985 年，坎贝尔被授予美国国家艺术协会文学创作荣誉金奖。在颁奖典礼上，知名心理学家、荣格学派代表人物詹姆斯·希尔曼说：“在这个世纪里，没有人能像坎贝尔一样，将世界及神话人物角色的深邃意义，带回到我们的意识中。”约瑟夫·坎贝尔在 1987 年因癌症去世。《新闻周刊》悼曰：“英雄已去，信念长存。”

他就是约瑟夫·坎贝尔，是当代神话学巨擘，才华横溢的心理学家，思维独特的哲学家和作家，极具启发性的心灵导师、演说家和思想家，是影响西方流行文化的一代宗师。

坎贝尔神话系列作品

《千面英雄》

- 神话学大师坎贝尔享誉世界的代表作
- 现代人寻求内在觉醒的经典

《英雄之旅》

- 坎贝尔亲述他的生活与工作
- 与世界各领域精英的灵魂对话

《千面女神》

- 坎贝尔致敬女性之作
- 女性如何孕育整个人类的精神家园

《神话的力量》

- 坎贝尔写给大众的心灵启蒙之作
- 在诸神与英雄的世界中发现自我

《指引生命的神话》

- 坎贝尔自选集，献给迷茫时代的答案之书
- 用永恒的神话智慧应对当下和未来

《坎贝尔生活美学》

- 神话学大师坎贝尔箴言录
- 用超世俗的精神指引现世生活

《追随直觉之路》

- 献给每一位生命旅者的灵性觉醒之书
- 书写属于你自己的神话，追随喜悦、发自我、完善人格

《众神的面具》系列（共 4 卷）

- 坎贝尔传世巨作，十年磨一剑的宏篇巨著
- 人类古今神话的全面考察与阐述，理解了面具，就理解了神话

《生命的狂喜》

- 坎贝尔遗世之作，献给舞蹈家妻子的一封情书
- 将生活当作一场舞蹈，调动内心潜藏的力量

《心灵的宇宙》

- 坎贝尔哲思精华之作
- 参透天人合一的“心学”，在神话中探索自我心灵的深邃与浩瀚

《梦境的象征》

- 坎贝尔辉映《梦的解析》之作
- 揭示神话意象与梦境的关系

《光之世界》

- 坎贝尔本人挚爱之作，献给东方的一份礼物
- 探寻东方神话中的智慧与奥义

《解读乔伊斯的艺术》

- 坎贝尔关于乔伊斯文学研究的毕生成果结集
- 全景式解读乔伊斯的创作理念与脉络，揭示关于人类普遍经验的寓言

《解读〈芬尼根的守灵夜〉》

- 坎贝尔锋芒初露的处女作
- 一把解读天书的钥匙，用神话攀登后现代文学的极峰

从千面英雄到单一神话
——坎贝尔神话观述评

叶舒宪
上海交通大学文科资深教授
中国社会科学院研究员
中国比较文学学会会长

学者的探索生涯往往有两种不同的展开形式：或是跳跃性的转换，研究者被兴趣和灵感所左右，出人意料地改变着对象和方向；或是循序渐进式的螺旋发展，研究者在一个领域中锲而不舍。皮亚杰的研究兴趣从蜗牛的习性跳到发生认识论，神奇般地在一个新领域获得始料未及的果实；而约瑟夫·坎贝尔则终生盯准一个问题作数十年如一日的思索，最后以同一主题的等身著述确立起自己在这一领域中理所当然的权威。

那个谜一般诱人的问题是：世界各地的神话是不是一样的，为什么？

这既是探索者的起点，又是他的归宿。

为了求解这个极简单又极复杂的难题，坎贝尔一生研究历程有如他著作中的探险英雄，在经历了启程—启蒙—回归这样一种仪式性的三阶段之后，完成一种向上的循环，画出一个首尾相贯的圆。

英雄启程：《千面英雄》

约瑟夫·坎贝尔，1904 年 3 月 26 日出生于美国纽约。这个距神话时代最为遥远的现代文明最繁华的大都市却造就了美国当代最著名的神话学家。这不禁使人想起约翰·怀特《现代小说中的神话》一书引用的马克思的问话："成为希腊人的幻想基础，从而成为希腊神话基础的那种对自然的观点和对社会关系的观点，能够同自动纺机、铁道、机车和电报并存吗？在罗伯茨公司面前，武尔坎又在哪里？在避雷针面前，丘比特又在哪里？"马克思的提问方式意在表明神话的衰亡与技术的发达恰成反比的历史事实。那是 19 世纪 50 年代，马克思的老师黑格尔也曾郑重预言，以神话和象征为起点的艺术将不可避免地走向衰落。

一个世纪之后，神话的全面复兴使人们倾向于一种相反的看法：神话与艺术都是对抗技术异化的秘宝。神话思维与神话经验应该同电子计算机、原子弹和太空船并存。神话不仅是认识所需，而且成了"生存之需"。坎贝尔的《指引生命的神话》这样的书名便足以说明问题了。正是这种激进态度，使他被世人看作当今世界最虔诚的神话捍卫者。

坎贝尔对神话的兴趣始于少年时期。他最喜爱的书是美洲印第安人神话。

后来在攻读英国文学硕士课程时，发现亚瑟王传说中某些重要内容与印第安神话的基本母题十分相似。任教于纽约州的莎拉·劳伦斯学院文学系以后，坎贝尔开始探讨神话原型问题。如果不算与亨利·莫顿·罗宾逊合写的《解读〈芬尼根的守灵夜〉》（1944），那么 1949 年问世的《千面英雄》是坎贝尔独立完成的第一部著作。当时他绝没有料到，作为他神话学研究的启程之作，这本篇幅不大的书成了他一生著述中最有影响的一本，是它奠定了他在神话学与文学批评两个领域中的声誉。

坎贝尔写《千面英雄》时抱有双重目的：一是证明世界各地的英雄神话都是类似的；二是确立研究神话的心理学解释方法。

在归纳英雄故事的普遍模式方面，坎贝尔并不是首倡者。在 19 世纪，比较语言学与比较神话学借助于梵语和《吠陀经》神话重构被文明史遗忘已久的原始印欧（雅利安）文化时，就有一位叫约翰·乔治·范汉的学者以 14 个故事为例，证明所有的印欧英雄都遵循着一个传记模式。20 世纪初，又有奥托·兰克用心理分析法加以解释的英雄模式和洛德·拉格仑用仪式加以解释的英雄模式。坎贝尔则主要从荣格的原型心理学出发，综合前人的观点构成更具普遍性的模式。

> 英雄的神话冒险的标准道路乃是过渡仪式中所表现的三段公式的扩大化：启程—启蒙—回归……英雄离开日常生活的世界进入一个超自然的奇特境地，在那里遇到惊人的敌对力量，获得决定性的胜利。英雄从这神秘的探险中回归，为他的人民带回恩赐。

坎贝尔认为，正如解剖学必然忽略种族差异而专注于人体的普遍结构，英雄神话的研究也将着眼于相似性而不是差异性。模式的普遍性表明有某种出自人类普遍心理的意义潜伏在各种英雄神话和传说背后。与此相比，差异性就显得微不足道了。

英雄之所以成为英雄有两个因素：一是他做了别人不愿或不能做的事；二是他是为自己也是为一切人而做的。普罗米修斯盗天火，伊阿宋取金羊毛，埃涅阿斯下阴间会见亡父似乎都是如此。神话中的英雄或是王子，或为武士，或是圣徒或神；他所寻求的珍宝或是财富、美人（新娘），或是能力与智慧；他或是为自己的人民或是为全人类而寻宝。所有这些外在差异都无关紧要，因为那只是象征的表面。从心理意义上看，字面上叙述的英雄发现了一个奇特的外在世界，实际上象征着他发现了一个奇特的内心世界。字面上的英雄发现新世界比物质世界更丰富，象征着他发现他的意识之外有更多的东西。字面上的英雄发现了那个世界的终极性质，象征着他发现了自己的终极性质：他发现了自己究竟是谁。

这样，坎贝尔第一个把英雄神话的意义解释为“自我的发现”。英雄一方面找到了他和他的同胞以前未意识到的无意识真实，另一方面这也意味着神话的创作者、讲述者乃至听众也都相应地发现了无意识的意义，他们才是神话的真正英雄。借用耶稣的话：“上帝之国就在你们心中。”

与荣格相比，坎贝尔可谓青出于蓝而胜于蓝。荣格认为所有的英雄神话是类似的，坎贝尔现在发现，英雄神话不是彼此相似，而是彼此相同。正如《吠陀经》所言：真理只有一个，圣人用许多名称去讲述它。

英雄启蒙：《众神的面具》

对英雄神话的研究作为坎贝尔的启程之处，预示了他日后的漫游方向和探求对象。《千面英雄》不仅确定了坎贝尔要进一步深究的那个问题，而且奠定了今后著述的方法论基础：他反对单个主义的方法，即个别而非普遍地看待神话。因为千差万别的神话对他来说只是共同的人类心灵的表现窗口。在 10 年之后开始陆续推出的 4 卷本大著《众神的面具》中，研究对象从英雄神话扩展到一切神话，而研究的结论也似乎只是原有结论的扩大化。如《千面英雄》那样，《众神的面具》的书名也是意味深长的：正像在数以千计的面孔之下其实只存在一个英雄，戴着多种多样“面具”的其实只是一个单一的神。

然而，要说坎贝尔在落笔之前已经得出这样的结论是不符合实情的。他是在漫游了原始神话、东方神话、西方神话和创造神话（文学神话）的广阔天地之后，才不断修正自己的见解，最终趋于“面具”之后的一神的。这种延续 20 多年的探索经历，就好比英雄发现自身的漫游和启蒙过程。

《众神的面具》的第 1 卷《原始神话的诞生》探讨的是前文字阶段的原始民族的神话。坎贝尔按照人类学家列奥 · 弗罗贝纽斯的划分，把所有的原始民族区分为两类：狩猎者和种植者。坎贝尔认为这种经济上的差别取决于地理和气候的条件，这种差别又派生出由神话所表现的社会的与思想的差别。狩猎与种植之间的差别乃是以杀生为食和以培育为食的差别，前者打断自然的循环，后者信守自然的循环。猎人不懂得自然的死亡，要么是杀生，要么是被杀。农人则从作物的生与再生中看到不死的象征。从社会意义上看，猎人是个人主义的，他们为自己狩猎。耕作则是集体性的，参与者必须放弃个人性。猎人在他们高兴的时间和地点捕猎，而农人则被时间和空间所束缚。

除了差异，狩猎者与种植者还有相似处，那便是比差异更为重要的三种信念：不死、自我牺牲（猎物或作物）和神秘的同一性（猎人与猎物，农人与作物）。这三个共同点消解了他区别出的差异性，狩猎者被视为改装了的耕种者。反之亦然。这样一来，神话群所显示的差别就成了“面具”上的差别。

第 2 卷《东方神话的启示》与第 3 卷《西方神话的创变》分别问世于 1961 年和 1964 年。从时间上看，它们都是“原始神话”发展的产物；从空间上看，东方神话包括印度、东南亚、中国、日本，美索不达米亚、埃及、前哥伦布时期的美洲和秘鲁；西方神话包括近东或“黎凡特”地区，或者说是犹太教、基督教、伊斯兰教和琐罗亚斯德教，还有整个欧洲。这里把闪米特人划入西方是与众不同的。

在《原始神话的诞生》中，坎贝尔曾将狩猎者的社会视为父权制，耕种者为母权制。现在他又认为东方神话源自原始农民，反映着以女神为主的母权社会；西方神话则主要反映着以男神为主的父权社会。从这一基本差异着眼，坎贝尔归纳出了东西方神话的六大差异特征：

1. 西方神话强调男神对女神的统治和神对人的统治；东方神话强调众神平等和人神平等。

2. 西方强调男神女神之别和神人之别；东方强调男女神和神与人神秘的“混一”。

3. 西方强调人的必死性；东方强调人的不死性。

4. 西方神话表现雄心与攻击欲；东方神话表现被动性与和平。

5. 西方追求英雄主义，东方则不，尤其当英雄主义体现为野心和斗争时。

6. 西方神话中的欲望在于建立强大、独立的自我；东方神话中的欲望在于消解自我，回归纯粹的无意识。

坎贝尔的这种比较观点在神话学领域引发了持久的争论，神话研究本身也成了文化寻根的一种有效方式。神话与民族性的问题实际上也就是人类学中的文化与人格问题。所不同的是，人类学家侧重于实地考察和田野作业，从案例分析中引出结论；坎贝尔则坐在他的书斋中漫游东西方，俯视寰宇，他所得出的论断难免带有传统的偏见和个人局限。比如他确认的第 4 点和第 5 点差异，在我看来不过是西方传统观点的翻版，因为亚里士多德《政治学》就已判定：西方人性格强悍好进取，东方人性格卑弱易臣服。相对而言，坎贝尔在解析具体神话时倒是表现出更多的独创性，例如关于西方神话中父权制对母权制的取代过程。

赫西俄德《神谱》[①]中描述了男神的胜利：以宙斯为首的神战胜与母权文化相联系的提坦诸神，不过地母神及其后继者赫拉依然拥有强大的实力。在巴比伦史诗《吉尔伽美什》中，男性英雄所获不死草被蛇所窃，这表明被战胜的母权文化以收回不死性的方式惩罚与父权文化相认同的人类。《圣经》中的伊甸园神话也是失势的母权文化继续挑战的表现：夏娃怂恿亚当违背上帝诫命，乃是对父权至上权威的反叛。而亚当夏娃被造时所用的尘土，乃是大地母神的非人格化形式，犯罪的人祖死后归土意味着回归母体：那里没有性别之差，夏娃亚当复原为一体，就像被取下肋骨造夏娃以前的亚当。坎贝尔的这种译解与女权主义标示双性同体为至高理想的做法不谋而合，不过他把亚当和普罗米修斯这样一些男性英雄解说为母权文化的英雄，倒是打破了女权论者们的纯性别偏见。在这一意义上，他成了 20 世纪的“巴霍芬”[②]。

《众神的面具》第 4 卷《创造性神话的繁荣》实指 12 世纪中叶以降西方的神话文学，这是他继《解读〈芬尼根的守灵夜〉》之后又一部文学批评著作。“创造性神话”与以往神话不同，它的兴起是与西方人信仰的失落相同步的。信仰的失落也就是传统的神话及其价值观的失落，代之而起的个性主义价值观是使“创造性神话”有别于原始神话、东方神话和早期西方神话的思想内核。个性主义产生出新的英雄主义精神，把人从对神的屈从和对群体的盲从中解放出来。坎贝尔将两部中古传奇——《特里斯丹和绮瑟》与《波西佛》视为新的英雄主义的初期范本，将托马斯·曼和乔伊斯奉为现代的典范。至此，坎贝尔似乎暗示他即将结束在神话世界中所做的纵横游览，回归到启程时所关注的英雄问题。

---

① 赫西俄德的《神谱》描写的是宇宙和神的诞生，讲述从地神盖亚诞生一直到奥林匹亚诸神统治世界这段时间的历史。——编者注

② 巴霍芬是瑞士人类学家和法学家，名著是《母权论：根据古代世界的宗教和法权本质对古代世界的妇女统治的研究》（1861）。

回归：《梦境的象征》

坎贝尔的晚期著作《梦境的象征》（1974）及《世界神话历史地图集》第1卷（1983）可以视为其毕生著述的总结。不论从方法上还是从观点上看，都表现出回归《千面英雄》的倾向。

首先，他不再像《众神的面具》中那样探讨神话的差异性——狩猎神话与耕作神话、母权神话与父权神话、东方神话与西方神话，而是专注于神话的同一性，在更大规模上重申《千面英雄》的结论：所有的神话在本质上都是一样的。其次，在《众神的面具》对神话的形而上阐释之外，又恢复了更大分量的心理学阐释。他不仅突出神话意象与梦幻意象的比较，而且像荣格一样，干脆把神话等同于集体的梦。

与前期著作相比，《梦境的象征》的另一特征是图文并茂。作者认为神话与梦属于另一世界，解释则属于醒觉世界，两者本不相同。理解神话离不开对具体意象的直观体验。据粗略统计，仅第2章“宇宙秩序的观念”120多页篇幅中就用了图片110多幅，近乎页页可观“意象”了。为了表明世界神话中“宇宙山”的意象，作者列举出自公元前3000年的苏美尔坛台、埃及金字塔和巴比伦祭坛到9世纪的玛雅神庙、15世纪的北京天坛等时空跨度极大的多种图像，让读者按照“眼见为实”的逻辑，心悦诚服地接受“只有一种神话”的见解。

坎贝尔在《千面英雄》中曾引用乔伊斯小说人物的话“单一神话”（monomyth）来概括所有的英雄神话。现在，批评家们据此创造了一个新术语“单一神话论”（monomythicism，或译“单一神话主义”）来概括坎贝尔的学说，认为它对当今流行的那种用单一模式解读作品的批评倾向产生了决定性影响。像美国批评家吉维特（R. Jewett）所提出的“美国单一神话”论，更是坎贝尔学说的继承与发扬。

单一神话论尽管有简单化之嫌，但它所倡导的那种开阔的世界性视野对于局限在某一国别或地区之内的坐井观天式的研究，无疑是一大震撼。它要求从象征意义上而非字面意义上去理解神话，这同心理分析派和结构主义派的观点汇同一体，已经成为今日神话研究的主流。对神话象征蕴涵的发掘又反过来为现代作家和艺术家们提供了新的灵感之源。

神话捍卫者坎贝尔一生的著述反复告诉人们一个道理：神话的终极意义总是同样的。从心理学上看，那是自我与无意识的统一；从哲学意义上看，那是自我与宇宙的合一。

MYTHS OF LIGHT

编者序言

1955 年，约瑟夫・坎贝尔结束了为期一年的亚洲之旅，返回美国。这一年的经历真切地改变了他的人生。自从 1924 年在一艘横跨大西洋的渡轮上与吉杜・克里希那穆提[①]邂逅，坎贝尔就迷上了当时已广为人知的东方神话和宗教。在欧洲读研期间，坎贝尔了解了卡尔・荣格、阿道夫・巴斯蒂安[②]等西方思想家及 19 世纪浪漫主义哲学家的思想，这些人都曾深受东方思想和意象的影响。

1942年，时任莎拉・劳伦斯学院教授的坎贝尔[③]幸运地成了伟大的印度学家海因里希・齐默尔[④]的好友及门徒。齐默尔认为神话是印度宗教的根基，这

① 吉杜・克里希那穆提（Jiddu Krishnamurti，1895—1986），近代第一位用通俗的语言向西方人全面深入阐述东方哲学智慧的印度哲学家，著有《人生中不可不想的事》（*Think on These Things*）、《重新认识你自己》（*Freedom From the Known*）等。——译者注

② 阿道夫・巴斯蒂安（Adolf Bastian，1926—1905），德国人种学家，反对环境决定论，主张人类心智一致性，著有《历史上的人》（*Der Mensch in der Geschichte*）、《东亚民族》（*Die VÖlker des Östlichen Asien*）等。——译者注

③ 1934 年春，坎贝尔受邀成为莎拉・劳伦斯学院（Sarah Lawrence College）的教授，主要讲授比较文学和神话学。——译者注

④ 海因里希・齐默尔（Heinrich Zimmer，1890—1943），德国著名印度学家，代表作有《印度艺术与文明的神话和象征》（*Myths and symbols in India Art and Civilization*）、《印度哲学》（*Philosophies of India*）等。——译者注

一观点充实并影响了坎贝尔的看法。1943 年[①]齐默尔辞世，坎贝尔应其遗孀克里斯蒂娜（Christiane）之请，编辑齐默尔留下的笔记和未尽之作。这项工作占用了他大量的时间，直至他前往东方旅行的那一年（1954 年）方告完成。彼时，坎贝尔才终于踏上了自己曾经读过、写过多次的那片大陆。

坎贝尔所见的亚洲，令他既感惊喜，又颇为失望。他在旅行期间所写的日记《施舍与梵》（*Baksheesh & Brahman*）和《清酒与开悟》（*Sake & Satori*），同时充满了失望与惊异之情。一方面，他对印度人强调"巴克提"（bhakti），即仪式上的虔诚，颇感失望；另一方面，东方人——尤其是加尔各答、东京、孟加拉和曼谷等地区人们的思维方式，与他从小深受濡染的西方思维模式迥然不同，这又让他大为惊异。在东方人的思维模式中，个体与超越之间存在着另一种全然不同的关系。坎贝尔发现，如果说西方人注重被造物与造物主的关系，那么在东方文化中，人们认为自我与永恒是同一的。印度教徒把这种永恒称为"梵"（Brahman）。

这种对自我的理解令坎贝尔耳目一新。谈及日本文化中没有"人的堕落"这一观念时，坎贝尔说："我建议朋友们省下花在精神分析上的钱，去日本看看吧。"

在东方旅行期间，坎贝尔也惊讶地发现，大多数美国人几乎没有受过比较神话学和比较宗教学方面的教育，并常常因此陷入窘境。他不无尴尬地注意到，自己的同胞，甚至包括与其同游的学者和外交官，对自己遇到的各种文化要么知之甚少，要么漠不关心。

这两个发现改变了坎贝尔的职业生涯。此后，他不再满足于仅仅为了同行写作或只是教授自己的学生。严格说来，他原就打算将 1949 年出版的著作《千面英雄》（*The Hero with a Thousand Faces*）写成一部通俗读物，从这本书最初的书名《如何阅读神话》（*How to Read a Myth*）便可看出这点。

① 英文原版为 1945 年，经核查有误，应为 1943 年。——编者注

然而，这本书在出版之初一直是一部小众读物，并没有产生后来在美国大众文化中所形成的广泛影响。从东方返回美国之后，坎贝尔开始有意识地谋求通过各种途径为自己的作品赢得更多读者。实际上，早在亚洲旅行期间，他就已经在着手撰写一部关于比较神话的通览性著作了。这项工作的最终成果是一部宗教与神话通史，即 1959—1968 年陆续面世的四卷本杰作《众神的面具》（*The Masks of God*）。

坎贝尔的另一项重要工作是在各种学术会议、教堂、美国国务院大厅及电台、电视上发表演讲。自始至终，这些演讲的目的都是引导美国听众认识自己的传统，认识更为广阔的神话与象征世界。幸运的是，从这个时期起，坎贝尔开始录制自己的演讲，以备将来写书之用。这项工作为本书的编辑带来了许多便利。（坎贝尔喜欢即兴演讲，他发表的大部分演讲都没有笔记。）

从 1955 年返回美国到 1987 年去世，坎贝尔一直对伟大的印度宗教和东亚宗教中的神话体系青眼有加。约瑟夫·坎贝尔基金会保存了数百份主题众多、内容深奥的演讲档案，其中绝大部分都是在讨论坎贝尔所说的东方世界。

本书内容几乎均采自这些演讲的录音，也有少量选自坎贝尔未曾发表的文章。在这两类作品中，坎贝尔都在探讨东方文化中的“永恒”隐喻，这些隐喻拥有各式各样的名称：梵、道、佛心，等等。

“01‘梵’的理念的诞生”主要探讨“超越的世界灵魂”这一理念的本质及其历史演变。“02 个体灵魂之旅”考察前述理念与印度、东亚传统文化中的个体观念之间的关系。“03 通往彼岸之舟”考察东方文化中表现超越理念的特定模式（也就是各种宗教），探讨这些具体模式在整个东方地区的历史演变。

在选编本书的过程中，我遇到了许多挑战。第一个挑战是有关素材的取舍。当时，我刚刚协助编完本丛书的第一卷，即尤金·肯尼迪

（Eugene Kennedy）主编的《汝即彼：转化的宗教隐喻》（*Thou Art That: Transforming Religious Metaphor*），该书主要探讨犹太教、基督教传统中隐藏的神话。编完该书后，大家觉得似乎应该另有一本著作对亚洲神话展开相应的探讨。

我尽可能全面地回顾了坎贝尔讨论亚洲神话体系的已发表和未发表作品，最终锁定了本卷要探究的主题。基本主题一经确定，我就知道得用上七个演讲的录音。这七个演讲的录音曾被收入《约瑟夫·坎贝尔音频集》（*The Joseph Campbell Audio Collection*）公开发行，其中两个收入《内在之旅：东方与西方》（*The Inward Journey: East and West*）卷，另五个则汇编成《东方之道》（*The Eastern Way*）卷。这些录音都是坎贝尔在 20 世纪 60 年代举办首次大型巡回公共演讲期间录制的。随后，我又仔细搜寻了坎贝尔留下的其他演讲笔记和未发表的作品，并从中找到了大量素材，用以补充我认为整个论证过程中可能存在的缺漏。这些素材最早的可追溯到 1957 年，即坎贝尔刚从亚洲返回美国后不久，最晚的要到 1983 年，那是在他去世的 4 年前。

待上述丰富的素材搜集妥当，我又遇到了编辑最头痛的一个难题：如何处理这些素材？

我可以采取三种方式，它们都是约瑟夫·坎贝尔本人曾经用过的。第一种方式是创作一部前后融贯的作品，也就是从不同材料中选取相关文字，拆分各个观点，进而将其融入适当的序列中。坎贝尔在整理齐默尔的遗作时采用的就是这种方式。遗憾的是，我觉得自己很难熟练地运用此种方式来驾驭坎贝尔的素材。

坎贝尔用过的第二种方式，是将一系列独立发表而主题相近的文章汇编成一部简单的文集。他在选编自己的首部文集《野鹅的飞翔：神话学角度的探索》（*The Flight of the Wild Gander: Explorations in the Mythological*

Dimension）时，就采用了这种方法。但在我看来，将一系列主题相对集中的演讲放到一起，可能会导致烦冗有余而连贯性不足。

最后一种方式，也就是我最终采用的，是一条折中的路径。坎贝尔在编写关于个人神话的通俗读物《指引生命的神话》（*Myths to Live By*）时用的就是这个办法。在那本著作中，坎贝尔先是对讲座录音进行了筛选，然后将它们整合进一个有其内在逻辑的序列中，再进行大规模的修订，删除重复的内容，加强各观点之间的延续性，营造统一的表达风格。

我的做法是否妥当，有待读者诸君评判。本卷内容上紧密的相关性和引人注目的结语，应归功于约瑟夫·坎贝尔本人；至于其中的罅隙或逻辑不一致之处，则应归咎于本人。

由于要将大量的演讲摘录和文章片段融入书中主体部分的对话中，为了在避免烦冗的同时又能保留坎贝尔那些有意思的评论，我合并了一些重复的内容，挪动、整合了许多段落，因此本书各章内容都不是原始演讲的实录。我希望读者对此不要感到奇怪或失望。

在本书的表达风格上，我尽可能地保留坎贝尔先生演讲时精彩、非正式的口语风格。在此，我要用前辈肯尼迪博士在《汝即彼：转化的宗教隐喻》序言中的话勉励读者："阅读本书时，最好是把它当作一间演讲大厅、教室或书房。你步入其间，发现坎贝尔正在讲课，虽然已是 80 岁的高龄，他却仍像 40 岁时那样，激情洋溢地描绘着神话的宇宙。这真是他的幸福所在。"

我要感谢以下诸位为本书提供的宝贵帮助：约瑟夫·坎贝尔基金会主席鲍勃·沃尔特（Bob Walter）为本丛书及本卷提出了远景规划；马克·瓦茨（Mark Watts）帮忙搜集了音频；贾森·加德纳（Jason Gardner）在新世界图书馆出版公司（New World Library）以冷峻的幽默和洞见，督促了约瑟夫·坎贝尔作品系列各卷的出版；新世界图书馆出版公司的制作总监托纳·皮尔斯·迈尔斯（Tona Pearce Myers）、艺术总监玛丽·安·卡斯勒（Mary Ann Casler）及其勇气可嘉的团队；精通多门语言的杰出编辑迈克·阿什比（Mike Ashby）；还有我的妻子莫拉·沃恩（Maura Vaughn），她无怨无悔的支持与忍耐堪称英勇。

戴维·库德勒
2003 年 3 月 11 日

“去摘一个无花果来！”

“这个就是，父亲大人！”

“剖开它！”

“剖开了，父亲大人！”

“你在里面看到什么？”

“这些很小的种子，父亲大人！”

“剖开其中的一颗！”

“剖开了，父亲大人！”

“你在里面看到什么？”

“什么也没有，父亲大人！”

然后，父亲对他说：“好儿子，你没有看到这个微妙者，而正是由于这个微妙者，这棵大无花果树得以挺立。请你相信吧，好儿子！这个微妙者构成所有这一切的自我。它是真实，它是自我，它是你，希婆多盖杜啊！”

——《歌者奥义书》，第12节①

耶稣说：“我是超乎万物之光。我是万有。万有均源于我，也以我为终结。你劈开一块木，我在那里；你拿起一块石头，在那上面也能找到我。”

——《多马福音·箴言》第77节②

---

① 中译文引自《奥义书》，黄宝生译，商务印书馆，2017，第197—198页。《歌者奥义书》是古印度哲学文献总集《奥义书》中的一种。——译者注

② 中译文出自田童心：《神学的觉悟》，宗教文化出版社，2003，第223页。——译者注

因陀罗的谦卑[1]

严格说来，神话不属于理性思维的范畴。毋宁说，它们是从卡尔·荣格所说的集体无意识深井中喷涌出来的。[2]

依我之见，西方神话学的问题在于，神话中的原型象征正日渐被当作历史真实（facts）来加以解释：耶稣“的确”为处女所生，耶稣“真的”死而复生，耶稣“确实”升往天国。然而，我们身处科学的怀疑主义盛行的时代，知道这些事并没有真正发生过。于是各种神话均被斥为谎言。如今，“神话”一词等同于谎言，我们遗失了神话象征，也遗失了神话讲述的神秘世界。但另一方面，我们又需要象征，象征总是浮现于我们不安的梦境和梦魇中。由于神话的遗失，这些梦境和梦魇如今就只能依靠精神病专家来应付了。西格蒙德·弗洛伊德、卡尔·荣格、雅各布·阿德勒（Jacob Adler）① 认识到，梦境中的种种形象其实都是被个人神话化了的形象：人们创造了属于自己的意象，它们与原型密切相关。

① 这里及下文提到的雅各布·阿德勒应指奥地利精神病学家，人本主义心理学先驱，个体心理学创始人阿尔弗雷德·阿德勒（Alfred Adler）。——编者注

当前，我们的文化摒弃了由象征主导的神话世界，进入了一个以经济和政治为主导、灵性原则备受漠视的阶段。当代西方文明也许有实践伦理之类的东西，但没有任何关乎灵性的内容。宗教生活是伦理的，而非神秘的。而一旦神秘消失了，社会也将随之走向瓦解。

问题在于：我们有没有可能重新以神话的、神秘的方式领悟生命的奇迹呢？毕竟，人类本身就是生命奇迹的显现。

我们把《圣经·旧约》中的上帝当作真实存在，而不是一个象征；圣地是一个具体的世间所在地，此外不再是别的什么；人类优于野兽，自然界是堕落之所。随着伊甸园的堕落，自然变成一种败坏性的力量，人们不再像西雅图酋长那样让自己属于自然。[3] 我们将修复自然。人类形成了自然界存在善恶的观念，并将自己置于善的一端，造成人与自然之间剧烈的冲突。我们不再屈从于自然。“自然宗教”（nature religions）这一术语成为我们拒斥、诅咒的对象。那么，人还能崇拜别的什么呢？崇拜你的臆想之物？奇怪的事情发生了。事情变得如此严峻，以致你若不相信某个形象，就会丧失崇拜的对象。如今可供世人崇拜的对象都消失殆尽了！

在清教徒运动时期，人们摒弃了基督教神话中的图像崇拜，以及用以沟通灵魂的仪式。自此，整个崇拜仪式变成一项将善男信女们，尤其是那些隶属于特定教会的人，合理地聚到一起的方式。但即便是这点，也日益支离破碎了。

我们平日里都读些什么？我们读报，上面满是关于战争、谋杀、强奸、政客和运动员的新闻，仅此而已。曾几何时，人们把读报的时间用于做礼拜，用于聆听代表人类生活与宗教的奠基性诸神的传说。如今，人们四处寻索业已遗失之物。其中有些人知道自己正在寻找，那些不知道的人，则只好苦熬光阴。

我给大家讲个小故事。我有一台明信片那么点儿大的小电视，多年前买它的时候，我不过想看看电视上的自己。[4] 之后我很少再用它。但“登月计划”

启动后，我日复一日地盯着电视屏幕，只是为了了解宇航员们的情况。对我来说，最激动人心的时刻是在宇航员返回地球的途中，位于休斯敦的地面控制中心问他们："现在是谁领航？"回复："牛顿。"

我立马想到了康德的"先验感性论"，也即《纯粹理性批判》的第一部分。其中说到，时间与空间作为感性形式，对人类的经验模式至关重要。离开时间与空间，我们无法经验任何事物。它们是先验的形式。因此，我们在进入某个具体空间之前，就仿佛已经掌握了空间的规律。在形而上学导论部分，康德问道："我们如何能确定，此空间内通过数学运算得出的结果同样适用于彼空间呢？"[5]这些宇航员给了我答案："只有一个空间，因为只有一种思维在起作用。"

这些小伙子在数十万千米以外的太空中转啊转。人们只需知道该往火箭外围释放什么样的能量，知道从哪个角度返航能使火箭在太平洋上的回收船周围一英里①以内着陆，就足以认识空间的规律。真是奇妙。

认识太空也就是认识我们的生命。人类来自太空。正是在太空中，大爆炸（Big Bang）形成了银河系，从银河系中又产生了太阳系。人类所在的星球不过是银河系中的一粒小石子，从这粒小石子的泥土中长出了人类。这是一个奇异的神话，有待人们把它谱写成诗。

神话是诗人基于自己的感悟和认识创作的，它并不是被"发明"出来的，而是被"发现"的。人无法编造神话，就像你不能说出今晚会做什么梦一样。神话来自人类本质经验的神秘领域。

那群年轻人返回地球后还说，地球看上去就像太空沙漠中的一片绿洲。那一刻，人类对地球涌起的感激与热爱之情，让人回想起西雅图酋长的话："地球不属于人类，而人类属于地球。"[6]

"我们要小心地呵护它。"从阿波罗号宇航员拉塞尔·路易斯·施韦卡特

① 英制长度单位，1英里≈1.61千米。——编者注

（Russell Louis Schweickart）的话中，我听出了这个主题。这是一份绝妙的声明。在一次航行过程中，他被安排执行舱外活动（extra-vehicular activity，简称 EVA）。他穿上宇航服，将电脐带系在飞船上，走出航舱。在此期间，舱内出了点儿小故障，他在舱外有 5 分钟的时间无事可做。他以 18 000 英里的时速在太空里穿行，周围没有风，也没有声音，那儿是太阳，这儿是地球，那儿是月亮，这可爱的人儿说道："我问自己，我何德何能，竟能拥有如此美妙的经历？"

这就是崇高体验。由无限空间或巨大能量引发的崇高体验是如此宏伟，个体在它面前略等于无。第二次世界大战期间，英国和美国曾针对德国部分城市进行密集轰炸，我和当时待在这些城市中的一些人聊过，他们跟我说，那是一种崇高体验。这世间除了美，还有崇高。从宇宙衍生而来的神话是崇高的。

有意思的是，我们谈论的所有神话都涉及月亮和太阳。古人认为，月亮和太阳属于精神的国度。有趣的是，真正契合这种世界观的神话来自印度教。但如今我们知道，它们和地球是由相同的材料构成的，古人将地球与精神国度分离的做法不再奏效。

地球是一种能量，神灵是能量的人格化，而物质是能量的体现形式，这些事物均已存在了亿万年之久。

我给大家讲一个印度故事。

有只名叫弗栗多（Vṛtra，意为"外壳"）的恶龙，一度封住了世间所有的水流，使天下大旱数千年。后来，因陀罗（印度万神殿中的"宙斯"）终于想出一个主意："何不朝这家伙的肚子里扔颗霹雳炸碎它？"于是，这位大脑显然有些迟钝的神往弗栗多肚子里掷了一颗霹雳——砰！弗栗多被炸得稀烂，众水奔流，大地和宇宙重现生机。

因陀罗想："我太伟大了！"他升到至为高大的须弥山（那里是印度诸神

聚居的“奥林匹斯山”）上，发现所有宫殿都已荒颓。“嗯，我要在此建造一座全新的城市，一座配得上我的尊贵新城。”因陀罗找到众神的工匠毗首羯摩（Viśvakarman），告诉他自己的打算。

因陀罗说：“听着，咱们这就开干，建这座城市。依我看，这儿可以盖宫殿，那儿可以建塔，这儿种上莲花……”

于是毗首羯摩动工了。但因陀罗每次返回工地，都会带回更宏伟、更壮观的建造方案。毗首羯摩开始嘀咕：“我的神啊，咱们可都是永生不死的，这么下去会没完没了的。我该怎么办？”

毗首羯摩决定去找现象世界的创造者梵天（Brahmā）诉苦。梵天端坐在一朵莲花之上（梵天就是这么高踞宝座的），他和莲花都是从毗湿奴（Viṣṇu）的肚脐里长出来的。毗湿奴斜卧在一条名叫“阿南塔”（Ananta，意为“无限”）的大蛇身上，漂浮于宇宙大海之上。

当时的情形是这样的：毗湿奴在水面上睡着了，梵天坐在莲花上。毗首羯摩晋见，各种点头哈腰后说道：“蒙您垂听，我遇到麻烦了。”他把事情的经过说了一遍，梵天听后说：“没问题，我来搞定。”

次日清晨，在一座尚未竣工的宫殿门口，守门人看到一位蓝黑皮肤的婆罗门[①]少年。少年长相俊秀，引来许多孩子围观。守门人回到宫里，对因陀罗说：“我觉得把那位俊秀的婆罗门少年请到宫里，设宴款待，会带来吉利。”因陀罗也这么觉得，于是就把少年请到了宫里。因陀罗坐在宝座上，行完各种待客之礼后，问道：“年轻人，什么风把你吹到这宫殿来了？”

少年用平地惊雷般的声音答道：“我听说您正在建一座世间最宏伟的宫殿，一座任何一位因陀罗都不曾建过的宫殿。我参观过了，可以跟您说，此前还真

① 婆罗门（brahmin），印度古代的僧侣贵族，为印度四大种姓（婆罗门、刹帝利、吠舍、首陀罗）中的第一种姓。——编者注

没有哪位因陀罗建成过这么宏伟的宫殿。”

因陀罗一时陷入了迷惑，问道：“在我之前的因陀罗，这话什么意思？”

“是啊，在您之前的因陀罗们，”少年说，“想想吧，莲花从毗湿奴的肚脐长出，然后绽放，在它的上面坐着梵天。梵天睁眼，一个宇宙诞生，便交由一位因陀罗统治。梵天闭眼，再睁眼，又生出另一个宇宙。他再次闭眼……整整360个梵天年[①]，梵天都在做着同一件事。而后，莲花闭合。经过漫无止境的时间，另一朵莲花再次绽放，梵天再次现身，又睁眼，又闭眼……一位又一位因陀罗就这么轮番登场。”

“现在，请您想象一下太空中的所有星系和外太空吧，每个星系都有一朵莲花，莲花上都有一个梵天。您的朝臣中应该会有一些聪明人，他们宁愿去数世间大海中的水滴和沙滩上的沙粒，也不愿去数梵天的数量——更不用说因陀罗的数量了。”

正说着，一群蚂蚁排着整齐的队列从宫殿的地上爬过。少年看见它们，放声大笑。因陀罗气得胡子直翘，问道：“这又是怎么了？有什么好笑的？”

少年说：“您最好别问了，免得伤到您。”

因陀罗说：“我还是要问。”

少年指了指那列蚂蚁，说：“它们都是以往的因陀罗。他们历经无数轮回，都曾位列仙班，荣升因陀罗的宝座，杀死恶龙弗栗多。而后，他们都说‘我太伟大了’，接着便消亡了。”

这时，一位老迈的怪模怪样的瑜伽行者走了进来。他打着一把芭蕉叶做成的伞，胸前有一小圈毛，身上除了一根腰带，不着寸缕。少年看着他，

① 梵天年（Brahmā years），据婆罗门教的说法，梵天的1日即为1劫，相当于普通神灵的24 000年，神的1年为360日，神的1日又等于人类的1 000年。若梵天的1年也是360日，那么1个梵天年就相当于人类的31 104亿年。——译者注。

问了因陀罗心里正在想的一连串问题:“你是谁?你叫什么?你的家人呢?你家在哪里?”

“我没有家人,也没有房子。生命是短暂的。对我来说,这把阳伞就已足够。我只敬奉毗湿奴。至于这些毛,说来也真是奇怪,每当一位因陀罗死去,它们就会掉落一根,如今已掉去半数,很快就要掉光了。干吗要建房呢?”

这两人其实是毗湿奴和湿婆(Śiva),他们专为教化因陀罗而来。待因陀罗听完,他们就离开了。因陀罗感到心灰意懒。这时祷主神毕利诃斯波底(Brhaspati),也就是众神的祭司,走了进来。因陀罗对他说:“我要出家,去做一个瑜伽行者。我要去礼敬毗湿奴的双足。”

因陀罗找到他的妻子,强大的神后因陀罗尼(Indrani),对她说:“亲爱的,我要离开你了。我要出家,到森林中做一个瑜伽行者。我要告别和世界之王有关的一切瞎胡闹。我要去礼敬毗湿奴的双足。”

因陀罗尼盯着他看了好一会儿,然后就去找祷主神说了这事:“他着魔了,居然要出家,去做瑜伽行者。”

祷主神牵着她的手一起走到因陀罗的宝座前坐下。这位众神的祭司对因陀罗说:“你高踞于宇宙的宝座之上,代表着德行与责任,代表着正法,你是神圣之灵在尘世中的化身。我曾为你写过一部讨论政治艺术的大书,教你怎样治理国家,怎样赢得战争……现在,我准备为你写一部关于爱的艺术的书,使你人生的另一个层面,即你与因陀罗尼的关系,也能够成为一种启示,表明神圣之灵同样寓于我们每个人的内心。任何人都可以去做瑜伽行者,但并不是谁都可以成为尘世生活的代表,揭示永恒奥秘的内在性。”

因陀罗由此得以摆脱苦恼,不再想出家当瑜伽行者了。现在,永恒已成为他内在的一部分——跟我们所有人一样。我们唯一要做的就是认识到:我们自身即是永恒的显现。

这个名为《因陀罗的谦卑》的故事载于《梵转往世书》(*Brahmavaivarta Purāṇa*)。《梵转往世书》是古印度宗教经典文献，约成书于公元400年。印度神话最令人吃惊的一点是，它含纳了我们当前谈论的宇宙、恒星生命的各大周期，以及星系外的星系，宇宙的往来更替。这种看待世界的方式消解了当下时刻的重要性。

那么，有关原子弹炸毁宇宙之类的问题又当如何看待呢？可以这么认为：在当前的宇宙形成之前，曾经出现过无数个宇宙，每一个宇宙都被原子炸毁了。人与永恒合而为一，永恒既内在于人，也内在于万物。人们不会期待原子爆炸的到来，但也不必为它惶惶不可终日。

佛陀经受的巨大诱惑之一是色欲的诱惑，还有一种干扰是对死亡的恐惧。对死亡的恐惧是一个很好的冥想主题。我们的生活中充满各式各样的诱惑与干扰，我们要在其中找到岿然不动的内在中心。这样，我们在任何情况下都能生活下去。神话可以帮助我们做到这一点。这当然不是说人们应该放松对原子能研究的警惕。勇往直前，但要抱着游戏的心态——因为宇宙本就好似神的一场游戏。

MYTHS OF LIGHT

目　录

Myths of Light

Eastern Metaphors of the Eternal

01

“梵”的理念的诞生

Myths of
Light
Eastern Metaphors of
the Eternal

雅利安祭祀的每一个细节都与宇宙和人类心灵的幽微变动息息相关，这构成了一个三重类比：太阳对应眼睛，眼睛对应火；风对应呼吸，呼吸对应吹动火苗的微风，诸如此类。在这种祭祀中产生的能量被称为“梵”。

阐释东方神话[1]

西方与东方

若干年前，我有幸受邀参加了为奥地利籍以色列神学家马丁·布伯（Martin Buber）在哥伦比亚举办的系列座谈会。[2] 马丁·布伯给我留下了深刻的印象：他个头很小，思维敏捷，口才出众。人们要是知道英语是他的第二语言，估计很难相信他竟能那么自如、流畅地用英语表达各种复杂的思想。

不过，随着谈话的深入，我越来越难以确定他所使用的一个词的确切含义。这个词恰好是“God”（上帝）。我不确定他使用这个词时，指的是创造了这浩瀚宇宙的至高神秘之源，还是《圣经·旧约》中某一历史时期的主人公，抑或是马丁·布伯偶尔与之交谈的什么人。

在一次谈话期间，他停了一下，面带悲伤地说：“以第三人称的方式谈论上帝，让我感到痛苦。”后来，我把他的话转述给哥舒姆·舒勒姆（Gershom Scholem），后者听了摇了摇头：“他有时的确太偏执了。”[3]

第三次讲座上，我终于鼓足勇气举起了手。他温和而亲切地问："怎么了，坎贝尔先生？"

"是这样的，"我说，"您今晚使用的一个词我不太能理解，我不知道它确切指的是什么。"

"哪个词呢？"

我答道："上帝。"

他睁大双眼，一脸惊讶地看着我："您不理解'上帝'这个词的含义？"

我说："我不知道您用'上帝'一词的确切所指。您刚才说，上帝已然掩面不顾。①但在印度，人们却始终体验着、注视着神。我恰好刚从那儿回来。"[4]

"哦，"他说，"您的意思是要进行比较……"

遗憾的是，此类交锋与现场的泛基督教精神不甚相符，会议主席突然插话："布伯博士，坎贝尔先生不是这个意思，他只是想知道您在何种意义上使用'上帝'这个词。"

布伯后退了几步，若无其事地说："每个人必将以各自不同的方式结束自己的放逐。"

从布伯博士的角度来看，这一点或许完全正确。但当时我突然想到的是，从东方智慧与神话主题的总体观念来看，人们"并没有"身处放逐之中，因为神内在于人，人不可能被它放逐。唯一可能发生的是，人无从认识神，也认不出神，找不到恰当的方式让自己意识到这一内在于自身的存在。

这是东方传统与西方传统之间一条重要的分界线。这两个世界分别是怎样的？划分二者的界线在哪里？我认为，从神话与宗教文化的角度来说，二者的

---

① 《圣经·旧约》常以"掩面""掩面不顾"来表现耶和华对以色列人的愤怒与离弃。——译者注

分界线就位于我们过去称为波斯的地方，即格林尼治以东60度。

这一分界线东部是两个富于创造性的高位文化中心（high-culture centers）：其一为印度，另一为远东的中国、南亚和日本。我所说的“高位文化”，指的是那些留下过书写文献、纪念性建筑等有文字的文明。该分界线以西同样形成了两个富于创造性的高位文化中心：近东或者说包括埃及在内的黎凡特地区，以及欧洲。

东方的两个文化中心彼此隔绝，也与其他文化中心相隔绝。印度以北横亘着喜马拉雅山脉，周边为大海环绕。同样，中国西部有大漠阻隔，周边也是海洋。这两个地区从未受到大规模的外来文化冲击，即便偶有外来影响，也是逐步渗入的，且往往会被当地文化同化。

欧洲与近东这两个地区却一直保持着直接而频繁的接触。两个地区之间存在许多交通要道：地中海、黑海、多瑙河及其他河流。此外，这两个地区都很容易遭受来自北方和南方族群的大规模入侵。

在历史上，入侵西边两个地区的重要族群有两支。一支是北方以游牧和狩猎为生的战斗民族雅利安人，他们自北欧草原南下，进入欧洲的高位文化地区；另一支是同样好战的闪米特部落，他们从叙利亚－阿拉伯沙漠地区突入，横扫整个黎凡特冲积平原。

这些侵略行为对当地的文化生态造成了持续不断的干扰。西方历史是一部充满瓦解与重构的历史，或者也可以说是一部不断进步的历史，只不过其间不断发生着剧烈而持久的变化。众多族群生活在同一个地区且相互影响，必然会引起多元思想之间猛烈而长久的对抗。

当我们从哲学和宗教历史错综复杂的西方世界转向东方时，仿佛进入了另一个世界。这是一个长满了棕榈树的世界，虽然树的种类各不相同，但它们在本质上是相似的。在东方，少数几个基本主题贯穿整个文化体系，并且延续了极为漫长的时间。

高位文化何时出现在印度和远东地区？印度文化源于公元前 2500 年左右的印度河流域文明，远东文化则始于约公元前 1600 年的中国商朝[5]。两者均处于青铜文化时代。

值得一提的是，整个高位文化世界的发展均肇始于近东幅员辽阔的美索不达米亚和埃及地区，在公元前 8000 年左右，伴随农业和畜牧业的出现而兴起。此前世界各地的族群均以采集和狩猎为生。骤然之间，人类有了大量经济活动，并逐渐形成了一个结构复杂的社会。到了公元前 4000 年左右，在一些地区——尤其是两河流域，出现了规模较大、结构复杂的城市：古苏美尔（Sumer）、乌尔（Ur）、阿卡德（Akkad）及其他星罗棋布的城市。

由于群体过于庞大，这些城市开始出现劳动分工，进而有了专业的管理人员、祭司、商人及农民。这种专业化促进了知识、技术和工艺的迅速发展。

关于祭司的知识对我们的讨论至关重要。恰在这一时期（公元前 3500 年左右），书写、数学运算、可控的天文观测、征税方式等被发明出来。由国王担任多元分化社会的中央枢纽的构想也应运而生。

这一时期，祭司们形成了一个意义深远的认识：太阳、月亮、水星、金星、火星、木星和土星这七颗肉眼可见的天体均以可测算的速度穿过恒星。这一认识启发了一种全新的宇宙观：宇宙是有规律的，且其规律受数学规则支配。

这种宇宙观的基础：宇宙不受人格神的支配，恰恰相反，某种非人格的客观力量遵循不可抗拒的规律，运行于昼夜更替、月亮盈亏、四季更替的进程中，此外还支配着大年（great year）① 的流逝，以及整个宇宙之轮的永恒运转。

① 又称柏拉图年、岁差，是春分点完整绕行黄道一周所需的时间，长度约为 2580 年。古代西方人认为，每经历一个大年，世界会回到起点。——译者注

这一理念进而催生了青铜文明时期的神话，并成为东方哲学的基本理念，遗惠至今。

在中国，“道”这一概念指的是客观存在的宇宙秩序，它认为宇宙的循环是有规律的，光明与黑暗在地位、影响和力量上此消彼长。印度人的“正法”、古埃及人的“秩序”（ma'at）、苏美尔人的“道”（me）等思想也是如此，指的都是宇宙秩序。在这一宇宙秩序中，众神明有如文武百官，各司其职。

众神不是掌控一切的代理者，后者绝非一位人格化的神。众神明负责管理宇宙的客观进程，隶属于不同的职能部门，是各种自然力的人格化形象。自然和宇宙间的力量同样运行于人的体内、天性之中。因而，外在于人的神明，同样内在于人。

祭司团体由此形成了一个伟大的思想：一个社会的运行应当在艺术、建筑和哲学中体现宇宙秩序的原型。于是，社会本身就变成了某种图形，象征着各种宇宙范式。

每个族群的神话都代表了一种瑰玮的诗性意象，与所有诗性意象一样，它们使族群的历史与某些秘不可言的原则关联起来。此类传统神话具有四个基本功能。第一个功能无疑是使社会中每个个体的心灵在面对存在的奥秘时持开放的态度。存在的奥秘既无法分析，亦难以言说，只能被作为一种既属外在又属内在的经验加以体验。

神话的第二个功能是呈现宇宙的形象，以联结超验世界与日常经验世界。这一宇宙形象必须能够体现奥秘，使所有星星、小动物、树木和山脉都成为那深不可测的维度的显现。

神话的第三个功能是提供一套可以协调族群与奥秘之间关系的社会秩序。国王稳居社会中心，成为城市国家的协调准则。他散发着太阳般的光芒，他的王冠正代表太阳（或月亮）的光芒。文武百官装扮成祭司的模样，围着他走来走去，宛如身披宇宙华服环绕太阳运行的群星。在后世的宫廷礼仪中，我们仍能看到这一象征体系。

神话的第四个功能是支持个体走过整个生命历程。它要帮助个体摆脱幼年时期的依赖取向，承担起成年人的责任（特定文化规定的责任），而后陪伴他走完老年之路，最终跨越黑暗之门。

借此，外部大宇宙的宏观世界、个体的微观世界与我有时说到的“中观世界”（社会秩序），三者被融入一个宏大的整体中，共同指向存在的奥秘。这就是隐藏在东方之美、东方城市的奇迹、东方哲学、东方诗歌与艺术背后的理念。当然，若我们去往东方，有些地方的人们肮脏而悲惨的生活也许会使我们感到震惊。然而，协调一致的原则却以一种奇异而迷人的方式照亮了所有的贫困，使所有人闪耀着神话世界的光辉。我们还会发现，东方人对贫困怀有一种奇怪的容忍。这种态度固然会让社会工作者们恼怒不已，却为当地僧侣所乐见。当地人安然地栖息在神灵的怀抱中，可以说，他们的确在自己的生活中直接感受到了神的光辉。

东方哲学的基本理念：人们孜孜以求的神秘、终极真理全然超乎所有定义之上，任何思想、想象方式都难以企及。西方人会问：“上帝是仁慈、公正、充满爱的吗？他爱我吗？他爱我的人民甚于其他人民吗？这些人不是选民吗？那些人不是弃民吗？”这些问题在东方人看来纯属幼稚之语。东方哲学只是将人的思想与情感投射到某个拟人化的神秘存在上，而这神秘存在本身完全超越了存在、非存在的范畴。逻辑范畴、时间与空间的感性形式都是人类思维可以触及的，而人所追寻的神秘存在却超乎其上。绝对存在（the absolute）绝对超越于一切思想之上。这点需慎重以待。

在西方神学中，“超越”（transcendent）一词意指“凡俗之外”，而在东方哲学中它指的是“思想之外”。从西方神学的角度看，若是一个人对神的界定与终极神秘有关，定会被视为彻头彻尾的偶像崇拜。但在东方哲学的视野下，“神”的存在不过是表明一个人有想象神之存在的能力罢了，你的神善待你，我的神也善待我。既然每个人想象神之存在的能力有差异，那么人们也就有权以不同的方式去理解神。

基督教最基本的神学思想：唯有上帝能够认识上帝。这是三位一体教义的核心。想要认识圣父，其本身必然是上帝。在基督教中这一角色由圣子扮演，认识者与被认识者之间的关系则由圣灵代表。我们每个人都处在认识第二位格（即识得圣父的基督）的途中。在印度教与佛教思想中，我们能发现完全相同的观点。

东方人对人与绝对存在之间关系的看法略有不同：绝对超越一切之上者是个体存在的根基。它就是你，且内在于你。早在公元前 8 世纪，这一根本性的表述就已出现在《歌者奥义书》中：Tat tvam asi，“汝即彼”。你要认识的就是你自己。不过，这个“你”并不是在日常经验层面为你所认同的、可在具体的时空中被命名、描述和定义的你，不是这么回事儿。我们也会读到这样的梵文句子：Neti，neti，即“不是这个，不是这个！”① 一个人用以命名自我的任何事物都不是它。只有当你排除了所有能够加以命名的事物、达成突破，你才触及了它。这是一种极为不同的演绎方式。在该等式中，a 是你，x 是神秘存在，a=x，也即是说你就是那个神秘存在，而不是你所认识的那个“你”。你认为的那个你并不是它，那个完全无从想象的你才“是”它。这一矛盾，这一悖谬，恰恰是东方文化的根本奥义所在。

我们再来对比一下近东地区发展起来的犹太教、基督教和伊斯兰教文化传统。这几种文化传统均认为，神创造了世界，造物主与被造物是绝对不可混淆的，谁要说“我是它”（I am it），谁就是亵渎神明。基督说，“我与父原为一”，结果被钉死在十字架上，因为在犹太教这是渎神的。神秘主义者的目标是与神

① 中译文引自《奥义书》，黄宝生译，商务印书馆，2017。——译者注

合一。神秘主义者就像夜间的飞蛾，看到灯盏里飘忽的火焰，便在玻璃罩上不停地扑打双翼，渴望与火焰合而为一。翌日清晨，它扑闪着翅膀回到同伴中："我昨晚经历了多么奇妙的事儿啊，我看到了多么神奇的东西啊！"第二天夜里，它又想方设法钻进玻璃罩，最终真的与火焰合而为一了。这就是神秘主义者的目标。是谁帮助这个神秘主义者得偿所愿的呢？正是那些钉死他的愚拙的正统派人士，他们成了神秘主义者实现梦想的工具。与哈拉智一样，基督在他能够言说时说道："父啊，赦免他们！因为他们所做的，他们不晓得。"

正是在此意义上，人遭到了放逐。我们能对那神秘的存在、超越性的 x 做些什么呢？像许多神秘主义者那样，认识到我们与 x 本为一体而后奔赴殉道的火堆与之合而为一？这是不被允许的。在西方宗教里，人们只能与 x 建立关系。西方宗教追寻的是人与神的关系，而不是与神同一的经验，这一点非常重要。那么，人要如何与神建立关系呢？大致可以遵循这样几种方式：第一种是犹太人传统的方式，第二种是基督教的方式，第三种当然就是伊斯兰教的方式。

在犹太传统中，上帝与某个特定的族群订立了圣约，其他人都被排除在圣约之外。一个人怎样才能成为该群体中的一员呢？这一点在几年前才得到明确：母亲为犹太人，且终生敬奉圣约。[①]

在基督教中，人与上帝的关系需要通过耶稣基督来构建。[②]基督既是真正的上帝，又是真正的人。在基督教这被视为奇迹，而在东方这却是每个人都必须在自身认识到的一点。基督经由"他的"人性[③]与我们建立关系，经由"他的"神性使我们与上帝建立关系。我们如何与基督建立关系呢？通过洗礼进入他的教会。教会作为一种社会机构这一点，也与犹太教一致。

---

① 以色列国会在 1950 年的《回归法》和 1970 年《回归法》修正案中，针对流落国外的犹太人回归以色列国籍的问题做了这样的规定：凡信奉犹太教的母亲所生子女都是犹太人。——译者注

② 参见《圣经·新约·提摩太前书》第二章第 5 节："因为只有一位神，在神和人中间，只有一位中保，乃是降世为人的基督耶稣。"——译者注

③ 为强调基督的人性不同于普通人性，在涉及基督的第三人称时，也有学者将"He"译为"祂"。——译者注

伊斯兰教也是一种注重关系的宗教。Islam（伊斯兰）的本义是“顺从”，在这个黎凡特地区最年轻的宗教看来，人要实现自己的宗教使命，就必须让自我臣服于安拉的伟力之下。换言之，人不应屈从内在于自我的东西，而应顺从安拉的威严及律法。

在西方诸传统中，虔诚的信徒完全依赖于选民、教堂、律法等社会建制，这些社会建制对信徒提出了相当严苛的要求。进入现代社会，这些要求因一些人们可能情愿从未知晓的事实而遭到了质疑。结果，世界出现了我们所说的怀疑与失序。这是西方人当前面临的困境。

近代以来，东方文化为我们闭塞的生活带来的一个重要影响，便是促使我们重新认识自己的传统。阅读 19 世纪欧洲学者和美国超验主义学者的著作就能感受到这一点：这些学者在那时就已意识到，佛教与印度教的教义代表了前基督教心灵（pre-Christian heart）的觉醒，他们从这些教义中辨认出了早已在希腊罗马传统中得到阐述的思想，这些思想同样蕴藏在凯尔特神话与日耳曼神话中。这些源于圣树林、圣物的思想，认为内在自然与外在自然同样神圣。在这些文化传统中，神话不是对发生于某地的久远历史的虚构，而是以诗性的形式揭示着永存于人类自身的奥秘。

我与你

我给大家讲一个简短的神话故事。这是一则源于青铜时代的古老神话，它以三个版本流传于三种不同的传统中。第一个版本记载在公元前 9 世纪前后问世的《大森林奥义书》的开篇。

起初——其实并不存在什么“起初”，因为“起初”是一个描述时间的词，当你开始讲神话时，万不可死抠字眼儿。将神话当作报纸上的现场报道来理解是行不通的。但若把神话当作诗歌吟咏，它们就会焕发光彩。

在不是起初的起初，宇宙中除了自我（Self）别无他物。在某个不是瞬间的瞬间，自我说出了“我”①。在思及“我”的一瞬，自我感到了恐惧。旋而他开始推理——虽然还不是十分复杂的推理，但毕竟也是最初的尝试：“既然这世间除我之外别无他物，我有什么好害怕的呢？”于是恐惧消失了。

恐惧甫一消失，欲望就出现了：“我希望有另一个人。”呃，在这种存在状态下，愿望总能轻易实现。自我开始变大，一分为二，瞧，变成了两个人。二人交合生出了其他事物。女人思忖道：“他从自己的身体中生出了我，又怎能与我交合呢？”于是她变成母牛，他就随之变成公牛；她又变成母驴，他也随之变成公驴；她再变成牝马，他也随之变成牡马。如此反复，直至变成蚂蚁。后来，这个最初说出“我”的人环视天地，说道：“这世界就是我。世界是从我体内涌溢出来的。”因此，宇宙源于自我的涌溢。这是故事的第一个版本。②

大约在同一时期，出现了《创世记》第二章的故事。故事说，上帝创造了亚当，让他照管伊甸园。那是一份单调乏味的活计，他感到很孤单。于是上帝又造出许多野兽带到他跟前，让他一一命名。是的，他可以为野兽命名，不然此外还能拿它们做什么呢？最后，上帝想到了另一个主意。他让这个孤独的月下人（mooner）昏睡过去，从他身上取出一根肋骨，造了一个乔伊斯③所说的“肉片大小的配偶”。亚当醒后抬起头，说道：“啊哈，这回好啦！”

让我们看看这个故事说了些什么。它说的也是自我一分为二的故事，只不过在这个版本中，一分为二的不是神自己，而是神的造物。历史上所有灾难在人类的舞台轮番上演，而上帝站在脚灯的一侧默默观看。

---

① 原文为“I. Aham.Ego”。Ahaṃ 为梵文词汇，I 和 Ego 均为英文词汇，后者源自拉丁语。意思均为“我”。——译者注

② 此处参考了《奥义书》，黄宝生译，商务印书馆，2017，第 26—27 页。——译者注

③ 詹姆斯·乔伊斯（James Joyce，1882—1941），爱尔兰诗人、小说家，代表作有《尤利西斯》《芬尼根的守灵夜》等。——译者注

我在东方最重要的经历之一，就是遇见了一群不知“堕落”为何物的人。这些东方人并不认为自己对某个高高在上的、动不动就说“你应该这样，你应该那样”的造物主犯了什么罪。这真是一次涤荡心灵的神奇之旅。我对很多朋友说过：“把花在精神分析上的钱省下来，去趟日本吧。”

下面是故事的第三个版本。柏拉图的《会饮篇》记述了一场精彩的、前所未有的盛大酒会，一群希腊哲学家围坐一堂纵谈爱欲，亚里士多德[①]讲了下面这个小神话。

据说，最初的人类拥有四条腿和两个脑袋，每个人的体型都是今天的人（当然是指当时的希腊人）的两倍，只不过他们是按照三种不同的方式分别造出来的。以太阳为模型造出的人由两个男人构成，以大地为模型造出的人由两个女人构成，以月亮为模型创造的人由一个男人和一个女人构成。不论由什么方式构成，每个人都有今天的人两倍大。诸神对这些人心怀戒惧。宙斯决定将这些人切成两半，而后让阿波罗把他们的皮肉拽到肚脐眼的位置系起来，又调转他们的脑袋，使这些刚刚被切分出来的被造物能够看见彼此。当然了，被分开的每一对都马上紧紧地拥抱在一起，不肯分离。诸神说：“这样下去没完没了，我们就什么事儿都干不了了。”于是，他们拆散这些爱人，让不同类型、性别的人杂居各地。不过，这些被分散的人渴望与自己的另一半重新结合的愿望和从前一样强烈，在重新寻找彼此的过程中，他们建起了城市，创造了文明。

这则神话就是弗洛伊德理论的基础。在弗洛伊德看来，一切人类文明都是未获满足的性欲升华后的产物。在这则神话中，诸神与被造物同样处于分离状态，只不过诸神并不是被造物的创造者。在希腊世界，神并不是人类的创造者，不如说，诸神是人类的兄长。大家都知道应当如何与长兄相处：你得小心翼翼地对待他们，但他们无权任意使唤你。尽管如此，你最好还是对他们言听

① 此处有误，故事的讲述者应该是古希腊早期喜剧作家阿里斯托芬（Aristophanes，约公元前448—公元前380）。——译者注

计从，以免受到伤害。这种态度与近东地区《圣经》文化传统的态度迥然不同。在后者那里，上帝创造了人类，使之成为自己的仆人，并给人类下达各种命令。

以上就是青铜文化时代同一则古老神话的三个不同版本。我认为它们很贴切地反映了其所属文明和神话体系所包含的问题，这也是我们即将探讨的问题。

在使用“神”和“人”之类术语时，我们总会面临到底忠于谁的问题：忠于上帝还是忠于人？在黎凡特地区，人们主张无条件地服从上帝。这种思想早在亚伯拉罕捆绑以撒的故事①中初露端倪，后来又在《圣经·约伯记》中得到了尤为集中的表达。在这个故事中，上帝永恒的朋友撒旦（“敌对者”）来到上帝跟前，上帝颇为得意地说：“你留意到我的仆人约伯了吗？你能在世间找出比他更好的人吗？会有比他对我更虔诚的人吗？”

撒旦说：“你那样恩待于他，他怎会对你不虔诚呢？让他吃点儿苦头，看看他会怎样。”

上帝说：“好，我跟你打赌。去吧，你可以随意待他。”正如吉尔伯特·默雷（Gilbert Murray）②所说，这就像你跟别人打赌说，你再怎么激怒自己的爱犬，它都不会咬你一样。[6]

大家都知道可怜的约伯接下来的遭遇：家破人亡，房屋被毁，牲畜也都死了，到最后，他自己浑身长满毒疮，跌坐在炉灰里。朋友们（不知为何被称为约伯的“安慰人”）来到他家，对他说：“你一定是做了极大的恶事，才会有此报应。”但约伯并没做什么恶事，他遇此横祸，恰恰由于他是义人。这个悖论曾令一些神学家困惑不已，但它恰恰也是理解《约伯记》的关键。

---

① 指亚伯拉罕献祭独子以撒的故事，见《圣经·旧约·创世记》第 22 章。——译者注

② 英国著名学者，希腊学专家，以翻译评述古希腊戏剧闻名。——编者注

约伯毫不退让:“我从未行恶。我是义人。”

故事的最后，他要求上帝现身，上帝于是出现了。在让可怜的约伯经历了这一切灾难后，上帝有没有说:“约伯，你真棒。你瞧，我和撒旦打了这场赌……”不，完全没有。上帝甚至都没有用任何委婉的方式来为自己的行为辩解，他只是说:“你很强壮吗？你能用鱼钩把鳄鱼钓上来吗？你不妨试试。我却是能做到的。你算什么，不过是一条蠕虫罢了，竟然想弄清自己的遭遇？”

此时，约伯说:“我为自己感到羞愧。”他放弃了从人类角度出发的价值和判断。他往自己脸上撒灰，屈服了。[①]

希腊人就不会这样。大家都知道假如希腊诸神不小心被人逮到会是什么下场。那种情况下，人类对他们可就不会像以前那么客气了。平日里人们固然要小心翼翼地避免冒犯他们，但这种尊敬更像是出于对一群政客的尊敬：基于种种原因，你不得不听从他们，否则你会被关起来，但你并不是打心里尊敬他们。

差不多在《约伯记》创作之时，埃斯库罗斯[②]开始写《被缚的普罗米修斯》(*Prometheus Bound*)，两部作品几乎成书于同一时代。普罗米修斯传达了与约伯截然相反的理想，他代表了对人类价值体系的肯定、对诸神的否定。他窃取火种将其作为礼物送给人类，结果被宙斯钉在悬崖之上。他是个真正能用鱼叉刺穿鳄鱼鼻子的硬汉。几位神使来到这位泰坦神跟前，见他四肢被缚吊在悬崖上，每天都被秃鹫啄食肝脏，便劝道:“道歉吧，他会饶恕你的。”

普罗米修斯答道:“你们转告他，我蔑视他。让他想怎么做就怎么做吧。”当然了，普罗米修斯之所以能挺住，是因为他本来就是半神，还被赐予了未卜先知的能力，但他的态度表达了对人类价值的肯定，以及对全能者威权的反抗。

---

① 故事原文参见《圣经·约伯记》。演讲时，坎贝尔用自己的话对故事进行了概述。——译者注

② 埃斯库罗斯（Aeschylos，约公元前 525—公元前 456），古希腊悲剧诗人，被誉为“悲剧之父”，代表作有《被缚的普罗米修斯》《阿伽门农》等。——译者注

再来看看我们现代人的情形：周一、周二、周三、周四、周五和周六，我们与普罗米修斯同行；到了安息日，我们与约伯同行半小时。下个周一，我们坐在精神科医生的沙发上，诊断一下自己的精神状况。我们身上有两个截然对立的传统，我们的大学老师和牧师告诉我们二者多少是可以调和的，但事实并非如此。这两种传统间的差异不亚于欧洲与近东的差异。

欧洲的传统源自希腊、罗马、凯尔特和日耳曼世界，其神话传说先后在中世纪的亚瑟王传说及文艺复兴时期的新古典主义中复活。黎凡特地区的传统则源于《圣经・旧约》《圣经・新约》《古兰经》，注重权威和“伊斯兰”——如前所述，“伊斯兰”乃是“顺从”之意。

上述两种传统均迥异于东方传统。人们通常认为伊斯兰教在某种程度上属于东方文化，其实不然：它属于那道广阔的形而上学分界线的西方一侧。

光之神话

如前所述，大约在公元前2500年，青铜文明出现在了印度次大陆，摩亨佐・达罗（Mohenjo Daro）和哈拉帕（Harappa）这两座城市在印度河流域拔地而起。与此同时，米诺斯文明开始出现在欧洲的克里特岛。这两个几乎同时出现的文明采用的象征符号本质上也是相似的。虽然我们还无法读懂印度河流域尚未破译的文字，[7] 但现已发现的印章上刻有大量的象征性图案。

第一种图案是公牛。在全世界的神话体系中，公牛都是一种极为重要的图案。公牛的双角与月牙的两尖极为相似，月亮是代表死亡与复活的行星，它既含有代表死亡的因素，又代表了生命战胜死亡的法则。公牛拥有月亮的特征，而月亮又是与祭祀有关的行星，于是公牛也成了一种可以用于祭祀的动物。

图 1-1 印度河流域的印章，约公元前 2000 年

另一种摆脱了死亡威胁的动物是蛇。蛇每年都会蜕皮重生，因而它与公牛一样成为与月亮关系密切的、死亡与重生的象征。蛇是一种出没于水域、动作敏捷的生物，它贴地而行，闪动的蛇信酷似火焰，仿佛它的体内蕴藏着火种，而水中之火可以带来富饶、丰产和生命。

与月亮相反，太阳永远闪耀着光芒，它出现在哪里，光芒就降临哪里。就像植物会被太阳烤焦一样，任何暴露于阳光下的生命都会被烧毁。太阳直射光与月亮反射光对生命的交互调节，是神话的重要主题之一。

公牛代表月亮，狮子因拥有太阳似的面庞而代表太阳。太阳出现使新月隐遁，同样，狮子要扑袭公牛，鹰隼也会捕蛇。

这些基本的神话组合表现了永生的两种形式。第一种永生是属于父性世界的死而复生。在许多文化中，人们认为自己的祖先生活在月亮上。另一种永生是人穿越金色的太阳之门，一去不返：他们的肉身被烧成灰烬，留在了太阳的这一边，灵魂则飞向了太阳的另一边。

根据上述构想，轮回转世也就有了两种情形：一种情形是人披上又脱掉重重肉身，如同月亮隐而复现；另一种情形是人以光的形式化身于万物，藏身万物之内。

东方世界高位文化宗教的目的之一，就是“认识到自我与太阳之光的同一性”。有一次我在一个报告厅讲课，听众是只有十几岁的男孩。我绞尽脑汁想找一个合适的比喻来解释这种思想。我抬头寻找灵感，灵感就真的来了：我让男孩们抬头看天花板上的灯泡，每个灯泡都在发光。我们可以把它们想象成许许多多的灯泡，这是一个由众多实体构成的月亮世界。另外，我们也可以把注意力放到所有灯光汇聚而成的那一团光芒上，这就是一种太阳意识。我们关注的是什么？光还是光源？哪一种看待事物的方式是正确的？要是一个灯泡坏了我们可以换上另一个。灯泡与灯光相比，何者更重要？我对男孩们说：“我从这儿往下看，能够看到你们所有人的脑袋，它们就像一个个灯泡。每个脑袋里都装着意识，哪个更重要呢？是特定的大脑，还是大脑里的意识？”

倘若我们关注的是灯泡、大脑，是一种具体的现象，我们就是在肯定个体。在日本文化中，由众多个体构成的世界被称为“事法界”（ji-hōkai）或“个殊世界”（individual universe），由光构成的整体世界则被称为“理法界”（ri-hōkai）或“普遍世界”（one universe）。二者其实是同一事物的不同表述。[8] 东方宗教的目的就是让人把注意力从现象世界转向超越世界，当人不再将自己视作具体的灯泡、大脑或身体，而是将自己归属于意识的整体，人也就与太阳的存在——也即康德所说的本体世界走向了同一，不生不灭。

紧接着人们会发现，意识世界和个殊世界并无分别，它们不过是观照同一奥秘的两种不同模式，这就叫“理事无碍”（ji-ri-muge），即“个殊与普遍之间并无分别”。抵达超越意识的最后一步是“事事无碍”（ji-ji-muge），即“个殊与个殊之间并无分别”，每个人各自乘着“业力”（karma）之马，殊途同归。我们都是同一个伟大存在的化现。

上述教义出自《花环经》（*Flower Wreath*），也就是《华严经》（*Avataṃsaka*）。[①] 在这部佛经中，世界被描绘成一张由无数宝石连缀而成的大

① 在英文世界，《华严经》常被译作“The Flower Sutra”或“The Flower Wreath Sutra”（《花环经》）。——译者注

网，每个连接点上都有一颗宝石，每颗宝石都反射着其他宝石的光芒，也被其他宝石反射着。这张大网强调的是被宝石反射的光芒，而不是特定的某颗宝石。这种关注重心的转移也隐含在关于太阳和月亮的神话中。随便找一幅炼金术的图画或看看众多的东方图像和唐卡，你几乎都会在图像上方的两个角落发现大小相同的太阳和月亮图案，此时，你定能意识到“理”“事”一致的原则，而这正是所有东方宗教的核心理念。

永不停歇的祭祀[9]

《吠陀经》

从公元前 2500 年到公元前 1500 年，印度河流域文明（或达罗毗荼文明）的繁荣持续了约 1000 年。摩亨佐·达罗和哈拉帕这两座由砖石建成的城市虽然拥有完备的卫生设施、排污系统、供水系统等，却布局呆板、装饰单调。说来奇怪，20 世纪 20 年代考古学家在发掘这两座城市遗址的过程中，竟没有发现任何神庙。不过他们倒是发现了一个很大的浴室。当我们讨论沐浴在现代印度宗教生活中的作用时，这个浴室遗迹就成为一项重要的证据，它证明印度的宗教传统源远流长，甚至可追溯到伟大的宗教文献《吠陀经》成书以前。而《吠陀经》的形成时间约在公元前 1000 年以前。

摩亨佐·达罗和哈拉帕都不是由当地人建立的城市。几乎可以断定，它们是来自伊朗高原的移民为开发这片自然资源极其丰富的土地而建起的种植园。城市中几乎没有什么艺术品，居民们似乎是十足的物质主义者。考古学家只在其中发现了少量的小型塑像，相比之下，同期的埃及人、美索不达米亚人和克里特人都创造了相当辉煌的艺术。

在为数众多的小型印章上，人们发现了当地的主要象征纹饰。人们用这些印章在书信和契约上签名。

借助印章上的少量图像，我们得以一窥印度河流域的神话世界。这些印章上最引人注目的形象是公牛，牛角上装饰着鲜花，与如今还在加尔各答街上四处闲逛的公牛别无二致。它就是公牛南迪（Nandi），毗湿奴①的同伴。在埃及神话中，公牛相当于能死而复生的神祇奥西里斯（Osiris）。再一次，拥有月亮特性的公牛成为能够创造生命的神圣能量的象征。

通过对这些同一时期文化的比较研究，可以得出一个认识，即公牛的角相当于月亮的两弯尖角。月亮代表死而复生的永恒轮回，始终是掌管死亡与复活的神祇的最高象征。就连耶稣复活的基督教意象中也内含了这一元素：正如月亮每个月都要消失三天，基督也在坟墓中待了三天；每年复活节具体日期的确定也总是与满月有关②。[10]

月亮还被看作一个盛满甘露的酒杯，杯中甘露被反复倾空又斟满。在热带地区，白日里毒辣的太阳炙烤万物，但一到晚上月亮就会降下能复苏生命的永生甘露。月亮总是这样倾空又斟满它杯中的甘露，就像我们每月都能看见月亮的盈亏，这是因为它总是把甘露倾洒向大地而后又斟满。

达罗毗荼文明印章上出现的另一种图符，是一棵长着心形叶子的树。在美索不达米亚地区，人们称它为“生命之树”；在印度，它就是佛陀曾在下面静坐的菩提树；在佛教中，它被称为“不动点”（immovable point），也就是中心点，是流转不息的（宇宙）漩涡环绕的中心。

---

① 疑为“湿婆”之误。公牛南迪是湿婆的坐骑，也是湿婆最忠实的信徒。——译者注

② 复活节是纪念耶稣基督在十字架受刑死后复活的周年纪念日，在公历 3 月 21 日（春分）之后满月后的第一个星期日举行。——译者注

最后，我们还在印度河流域文明发现了一个西方世界未曾发现的图符，它描绘的形象与湿婆惊人地相似：一个静坐的瑜伽行者，身旁围着各种野兽。

图 1-2 《兽主》，印度河流域文明，约公元前 2000 年

这位瑜伽行者戴着一顶硕大的头饰：两边翘起的双角与中间向上拱起之物，共同构成一个三叉形图案。此外，这位行者拥有三张脸。这是迄今我们所见到的首个静坐瑜伽行者形象。在苏美尔或埃及地区，我们从未见过此类冥想瑜伽行者的形象，这无疑是一个印度母题。

同时发现的还有大量制作精美的小型舞者雕像，其中一个是青铜像，其他的都是石像。有一座男性舞者雕像的姿态令人联想到舞动的湿婆（当然，唯一的区别是他只有两只而不是四只胳膊）。另有一座十分精美、翩翩起舞的女子雕像。女子身材清瘦，戴着粗重的手镯，舞姿格外轻盈，显然是神庙舞姬（devadāsī）或是舞女祭司。我们知道，在古代美索不达米亚地区的一些祭礼中，舞女祭司扮演着重要的角色。这些证据一方面表明，埃及、美索不达米亚和印度这三个文化区域之间具有传统上的连贯性，另一方面也为印度文明划出了清晰的界定——印度河流域的许多发掘成果都能证明这点。

就此可以断定，古老的达罗毗荼文明确实与瑜伽有着某种形式的关联。

此后约于公元前1500年，吠陀雅利安人——他们与荷马所说的希腊多利安人（Dorian）和阿卡狄亚人（Achaean Greeks）属同一种族，自北面横扫而来。与此同时，希腊人也闯入克里特岛，征服了当地文明。

你要是读过《荷马史诗》，定会熟悉雅利安人的特点。他们是一个四处游牧的战斗民族，主要的经济来源是放牧牛羊。而早期定居于城市的达罗毗荼人都是些商人和农民。看起来，正是雅利安人设立了作为巫师－祭司阶层的婆罗门及作为武士阶层的刹帝利。这两个阶层联合起来高居社会上层，代表了征服者的传统，本土的商人（吠舍）和农民（首陀罗）则被划为底层，两层分化的社会体系由此形成。这种社会划分使印度社会进入了一种前所未有的紧张状态，两大阶层之间的长期互动也随之开启。

了解印度雅利安人思想的主要依据是著名的《吠陀经》，这是一部赞美印度诸神的颂歌总集。（印度人喜欢说《吠陀经》包含十万颂歌，成书有两万年之久，但这其实没什么根据。从世界范围来看，它们的创作时间是相对较晚的。）“吠陀”是“知识”的意思，意指有关神圣真理的知识在凡俗世界的显现。

古希腊人有各种祭祀仪式。他们建造祭坛，焚烧牺牲，将被宰杀的动物献予诸神。同样的场景也出现在了吠陀时代的祭祀中。若他属于定居民族，他一般会崇拜或供奉石头、树木、湖泊中的神灵；若他属于游牧民族，那么可崇拜的对象就无处不在了：浩瀚的苍穹及其发出的光芒，流动的云朵与清风，广袤的大地或祭坛上的火。婆罗门充当武士们的巫师或祭司，像《伊利亚特》中的卡尔卡斯[①]一样，他们在印度各地建起了祭坛。这些祭坛的建造过程必须遵循特定的象征性法则，以模仿宇宙的形态。祭司们将酒洒入火中，火神阿耆尼（Agni）充当众神之口享用祭品，再将其转献给诸神。祭司们会祈请众神前来

① 卡尔卡斯（Calchas），希腊神话中的著名预言家，特洛伊战争中希腊联军的占卜师。——译者注

参与祭祀。祭祀仪式中唱诵的赞歌就是圣典《吠陀经》，这是祭司们从宇宙之歌中听到的祷词。

建造一座祭坛，再由祭司们高唱赞歌祈请诸神降临祭祀仪典，在赞美诸神的同时，人们与诸神共享牲肉。在这点上，人们并无不同。但接下来，一种希腊人从未有过的绝妙想法使雅利安人的思维模式彻底转化为印度人的思维模式：既然我们能够通过祭祀影响诸神，那么“我们和我们的祭祀就胜过诸神”。世间存在两种神：一种是因陀罗及其僚属，另一种是婆罗门。若问哪种神更强大，答案是婆罗门。这就让祭司们登上了宇宙之巅的位置，事实上，这让人类登上了宇宙之巅的位置。这世间，没有任何一种力量堪与完美、高贵的人类相媲美。

人啊，我的兄弟们，你们当听：
人是一切真理之上的真理；
人乃万物之巅！[11]

这首诗让 19 世纪的叔本华和其他西方哲学家震撼不已。

一旦雅利安祭司们意识到祭祀能够差遣神、祭祀的威力比诸神更强大，人们对祭祀仪式就更为看重，祭祀行为（如点火、祭祀巫术）也变得至关重要。祭祀的每一个细节都与宇宙和人类心灵的幽微变动息息相关，这构成了一个三重类比：太阳对应眼睛，眼睛对应火；风对应呼吸，呼吸对应的微风吹动火苗，诸如此类。这些类比表明，小宇宙、大宇宙和祭祀之间存在某种共通之处，而祭祀成为人们关注的核心象征和中心点。

在这种祭祀中产生的能量被称为“梵”。

荣耀之脸

在我们看来，若以进化论的方式理解上述思想进程，那么“梵”的理念的最初萌生似与某次祭祀不无关系。祭祀法器的操作有一个神奇的转化过程，对这一过程的细致描述形成了一整套的文献，众所周知，《婆罗门书》就是以此种方式来阐释《吠陀经》的。可以说，这些以散文形式精心编订的神学文献就是指导人们唱诵神圣赞歌的全套指南。

当时的刹帝利国王们支持婆罗门教的婆罗门祭司及其祭祀。祭祀本身是一桩极其烦琐的事，它需要众多祭司共同参与唱诵赞歌。祭司们需要将这些冗长晦涩的赞歌背诵下来，若在祭祀过程中出现细微的、哪怕是发音上的瑕疵，都有可能破坏整个祭祀的效果，导致一切不得不从头开始。如此复杂的活动当然离不开王室的支持。

但是，后来出现了所谓的森林哲学家（forest philosophers）的异端运动。在公元前 8 世纪左右，森林哲学家似乎形成了这样一种思想：梵（即祭祀的能量）也存在于众生之中。

《奥义书》就是这场运动产生的重要文献，书中一系列关于印度传统的柏拉图式对话，对终极力量进行了深入而透彻的探讨。终极力量是太阳吗？是祭祀吗？是精神吗？是情感吗？最终人们发现，蕴藏于祭祀、太阳、万物之中的能量也同样内在于一切生命，人们在自己身上就能找到它。

这一认识在一定程度上威胁到了一切祭祀活动，使后者变得可有可无。在希腊古典时代，哲学家们摆脱了宗教传统的束缚，而在印度，哲学与宗教互相缠绕。从那以后，二者之间发生了极为有趣的互动，你来我往地推动彼此发展。

问题在于，究竟是什么促成了这种转变，促使雅利安人从祭祀走向了冥想？答案似乎可归结于当地早期传统的复兴，即摩亨佐·达罗和达罗毗荼时代传统的复兴。前面提到的那枚有静坐瑜伽行者形象的印章说明了这一点。我们有充分的理由认为，大约在入主印度 800 年后，雅利安人的政权式微，异族联姻、早期传统的复兴，促成了两个文化世界的融合。自此以后，印度思想就一直是雅利安文化与达罗毗荼文化的混合体。

接下来的问题是在整个印度传统中，哪些成分属于达罗毗荼文化，哪些成分又是雅利安人的遗产？只要想想希腊人，我们就知道雅利安文化本身并没有早期佛教、印度教或犹太教那种突出的弃世倾向。毋宁说，雅利安人是生机勃勃、积极入世的，他们追求健康长寿、多子多福、牛羊满圈。印度河流域那枚静坐瑜伽行者印章表明，瑜伽冥想文化很可能源于更早时期的传统。

这种否定尘世的态度究竟从何而来呢？我们有必要回过头来重新审视整个祭祀理念。既然祭祀能够通向宇宙的秘密，那么祭祀的本质又是什么？祭祀的本质是将祭品倒进火中，那祭品是神的象征。事实上，祭品本身就是一位名叫苏摩（Soma）的神灵。与希腊人的美酒一样，苏摩也是一种从某种植物中榨取的令人迷醉的饮品。这种植物能够汲取月亮洒下的甘露从而生机焕然，而月亮是天上的公牛。如此说来，祭祀就仿佛是将萃取出的公牛神圣的生殖力倒入火中。由此推之，当人将食物放入口中吃掉时，是人体内的火在享用食物——就像阿耆尼享用苏摩那样，于是进食也成为一种祭祀。

火焰需以祭品为生，生命要靠其他生命来维系，两种消耗形式其实是一致的。待人死去，人也会被投入火中——不是被投入火葬堆的火焰中，就是被投入蛆虫、秃鹫、鬣狗等体内的火焰中。人一度是阿耆尼，如今却变成了苏摩。阿耆尼（即火）当然也是一位神。我们由此得出了狄俄尼索斯式的认识：整个宇宙就是一场永不停歇的祭祀，它生生不息，永不枯竭，无穷无尽。

一个人一旦形成这种认识，便可能会导出两种人生态度：面对世间的恐怖，要么说“是”，要么说“不”。若选择说“是”，就是认可了世界的本来面目；若选择说“不”，则代表要弃世界于不顾。《圣经》传统有一种源于波斯的观念，认为神最初创造的世界是好的，只是后来堕落了，但它会慢慢得到修复。东方人拒绝这种看法，在他们看来，世界就是神的一场游戏，你要么接受它，要么离弃它。

给大家讲一个关于湿婆的故事。一天，有只怪兽来到湿婆跟前，对他说：“让你妻子做我的情妇吧。”

这就有点儿厚颜无耻了。这是意识蒙蔽了自我。湿婆十分震怒，他只是睁开了第三只眼，也就是超意识之眼，一个霹雳便投向了大地——嘣！瞬时烟尘弥漫。待烟尘散去，一只饥肠辘辘的怪兽出现了，湿婆创造出它，让它去吃第一只怪兽。

第一只怪兽陷入了十分痛苦的境地。一个人要是落入这种处境，最好的做法就是乞求神的宽恕。于是，第一只怪兽乞求湿婆的宽恕。按照天神的游戏规则，要是有人乞求神的宽恕，神就应当宽恕他。

于是湿婆对第一只怪兽说：“我宽恕你了。”又对第二只怪兽说：“你不可吃它。”

“啊，”第二只怪兽说，“可是我现在好饿，身旁又没别的东西可吃。”

湿婆说：“我可是看到吃的东西了。我看到了你。你就吃自己吧！”

于是，第二只怪兽开始啃自己的腿，并不断向上咬食自己身体的其他部分，最后就连下颌都没了，只剩下了脸的上半部分。

这个意象是生命本质的完美写照，生命的本质就是自我啃噬。这个意象也诠释了生命的残暴。湿婆被这个场景深深地迷住了。他说：“你是这般奇妙，我称你为‘荣耀之脸’[①]，你将被放在我的殿中。凡是不对你说‘是’的，不配到我这里来。”今天在湿婆神殿的正门上方，我们还能看到荣耀之脸的标志。在佛教的神龛中我们也能看到这一代表了世界及其自我啃噬的本质的图像。神殿的大门是通往超越存在的入口。

① 荣耀之脸（Kirtimukha），在中国传统文化中，与之性质相似的凶兽名为“饕餮”。——译者注。

这是对世界本来面目的绝对肯定。问题的关键在于，你得使自己接受世界的本来面目，而不是期待世界应当如何。

图 1-3　最上方刻着荣耀之脸的石碑，约公元 12 世纪

生命诞生于死亡和燃烧，这是印度传统中祭祀仪式背后的基本观念。如果我们沿着这一逻辑向前一步（像印度人常做的那样），就能得出一个认识：既然火内在于你，那还要婆罗门做什么呢？走进森林，坐下，在你的内心寻找它就是了。森林哲学家就是在这样的背景下产生的。

伟大的《奥义书》时代就此开启。我敢说，《奥义书》是世界上最崇高的宗教著作之一。它们的问世大致可以追溯到公元前 8 世纪。这个时期究竟发生了什么？达罗毗荼文明的瑜伽思想在雅利安人刚入印度之时尚未兴起，这时却开始与雅利安传统相融合。随着两个民族相互交流的深入，一个新的深层次的问题出现了：在有关美德、社会、立身处世等问题上形成的正法理想和瑜伽理想，两者应如何协调？

佛陀不是婆罗门，而是出身武士领主阶层的刹帝利。佛陀生活的时代（公元前 563—公元前 483 年），是一个冲突渐炽、危机丛生的时代。形成于这一时期的《奥义书》包含了对这些冲突的探讨。但从最早一批《奥义书》来看，早期的婆罗门对瑜伽思想一无所知。他们可能是从伟大的国王那里听说了瑜伽的教义。

下面这个小故事就证明了这一点。有个婆罗门去给一位国王讲课，国王对他说：“你讲吧。”婆罗门就开始讲了，国王听了会儿却说：“这些东西我都知道，我都知道，我都知道。”

最后国王将婆罗门带到一个熟睡的人跟前，并对那睡着的人说话，后者当然没吭声。国王踹了那人一脚，把他踹醒了，又转而对婆罗门说：“当这人睡着的时候，能理解什么呢？”

从这个故事中我们能看出“人生如梦”的教义。后面我们也会看到人们借助神圣音节“唵”（aum）对这一教义进行了探讨。这些如今被奉为伟大的印度教义主干的内容，都是在雅利安人到来之前由当地人开创的。

Myths of Light

Eastern Metaphors of the Eternal

02

个体灵魂之旅

Myths of
Light
Eastern Metaphors of
the Eternal

个体灵魂意指不断转世的实体，是一种活生生的力量；从更高层面来说，所有个体灵魂都是自我的化现。只要人能认识到此生即是涅槃，就会放下追求解脱的执念，从而能在尚在人世之时便获得解脱。

印度的神秘主义传统[1]

珞迦瑜伽：脉轮之蛇

印度最重要的神秘主义传统产生于《奥义书》时代，它是在对佛教、耆那教和印度教进行吸收改造的基础上形成的。这一神秘主义思想传入东南亚、中国和日本后，为了适应当地环境而发生了各种本土化的变化。仔细查阅伟大的佛教国王阿育王[①]时期的编年史，我们甚至会发现它与希腊化时代的新柏拉图神秘主义、西方早期诺斯替[②]式基督教之间的诸多关联。[2]不过，东方世界最重要的神秘主义传统还要数瑜伽传统。

yoga（瑜伽）一词源于梵文词根 yuj，意为“联结”。通过修行瑜伽，人们尝试将自己的意识与意识之源联结起来——至少理论上是这样的。按照瑜伽的说法，每个人都是传输意识的工具，就像演讲厅中的每个灯泡都是导电的工

① 阿育王（Aśoka，约公元前 304—公元前 232），音译“阿输迦”，意译“无忧”，故又名“无忧王”，印度孔雀王朝的第三代君主，在位期间大力保护、发扬佛教，被后世称为“佛教护法”。——译者注

② 诺斯替（gnostic）在希腊语中意为“知识”，其宗教派别被称为“灵知派”，主旨是通过灵知来获取知识。——编者注

具一样。借助灯泡这一媒介，电流得以发光。同理，我们每个人都是使意识得以运作的媒介。不只是人，每一只动物，甚至每一棵树、每一粒晶体，也都是传输意识的工具。万物都有意识，万物都有知觉。比如植物总是向阳生长，用印度人的话说，这正是意识在植物上的显现。

人要怎样使自己的心与这一意识达成一致，进入同一的状态呢？有一部非常经典的著作《瑜伽经》（*Yoga Sū tras*）[①]谈到了这个问题。sūtra（经）是个梵文词，对应英文 suture（缝合）一词，指医生用来缝合伤口的细线。因此，《瑜伽经》本名为《瑜伽之线》（*The Threads of Yoga*），意谓通往瑜伽秘技的导线。《瑜伽经》的第一句格言：修行瑜伽就是有意识地抑止心的自发性活动。[②]

在构成心灵的粗糙物质中，有一类被称为“微妙者”的、持续活跃着的能量，发挥着今天所说的电流的作用，瑜伽的目标就是要抑止它的活动。

瑜伽传统认为，这一物质中存在着我们见过的所有事物的形式。我们之所以能看见彼此，是因为我们心中的某种物质本就包含了外部事物的形式，即一种 能够感知外部实在的内在模型。问题在于，人往往很难阻止这种物质发生变化。大家不妨试试让自己专注于某个形象或意念一分钟。你可以看着手表，对自己说，“现在我要专注于某个念头，直到秒针走完一圈”，你马上就会发现各种杂念纷至沓来。这是因为你的心随时都在动。这些杂念也许跟你要专注的意念不无关联，但它们绝不是同一个，这不是一回事。

让心灵保持平静有什么意义呢？我们可以用微风吹皱水池来打个比方：当微风拂过，水面泛起涟漪时，人只能看到各种景物在水面破碎的倒影；而当水面恢复平静，那些一度支离破碎的白云的倒影、环绕的绿荫便又恢复如初，你甚至能透过清澈的池水看见池底。骤然间，你看到了那曾被粼粼波光搅碎的水

① 约 2—4 世纪由印度哲学家钵颠阇利（Patañjali，又译“帕坦伽利”）编著的作品。——译者注

② 钵颠阇利编著《瑜伽经》，黄宝生译，商务印书馆，2016，第 4 页。——译者注

池的真貌。

瑜伽思想认为，人的自我本与诸形式之形式[①]（梵）同一，而人却误将自己认作浮于表面的破碎形象。想想吧，千变万化的表象不过是真实变幻无常的倒影，而人却将自我认作这些虚幻的假象，而非深层的真实。一旦波光摇曳，人的自我也忽隐忽现。实际上，人的自我始终是破碎表象之后的真实存在。

瑜伽修行的目的就是让我们内心的池水保持平静。在印度中古时代晚期，也就是笈多王朝时期（4—6 世纪），兴起了一个重要的瑜伽流派——珞迦瑜伽（rājā yoga），也称王瑜伽（kingly yoga）。该瑜伽流派将灵性能量想象成一条蜷曲的母蛇，这条灵蛇名叫“昆达里尼”（kuṇḍalinī，意为“蜷曲者”），平时它就蜷缩在人体脊柱的底部（即尾椎骨）。在珞迦瑜伽看来，人一生的大部分时间都处于灵性沉睡的状态，这是因为昆达里尼一直蜷曲在人的脊柱底部，使我们的生命缺乏灵性能量的刺激。珞迦瑜伽的目的就是要沿着脊柱将灵蛇的能量输送到头部，以激活我们的身体，使我们精神饱满。[3]

人体内的脊柱被想象成一棵有七个中心的树，这些中心被称为“脉轮”（cakras）或“莲花”（padmā）。七个脉轮分别位于脊柱贯穿的七个特定部位，对应人体主要的内分泌腺。位于脊柱底部的第一个脉轮（也即“第一朵莲花”）是我们体内小蛇的能量汇集之处。

瑜伽行者需挺直坐定，专注某一意念，口中默念某些音节，用特别的方式呼吸：用一个鼻孔以特定的频率吸气，然后屏住呼吸，再从另一个鼻孔呼气。这是一项极富挑战性的身体和精神操练，目的就是要将蛰伏于脊柱根部的灵蛇唤醒，使它沿着脊柱的通道向上爬行。

罗摩克里希那[②]是控制昆达里尼能量的大师。如有弟子问他：“老师，昆达

① form of forms，诸形式之形式，即形式之本源。——译者注
② 罗摩克里希那（Ramakrishna，1836—1886），19 世纪极富影响力的神秘主义者和瑜伽行者。——译者注

里尼沿着脊柱上行是什么感觉呢？”他会说：“有时如同蚂蚁在向上爬，有时像老鼠在往上蹿，有时又像猴子从一朵莲花跃向更高的莲花。”

弟子们又问：“老师，当它到达这朵莲花时是什么感觉？当它跳到另一朵莲花上时又是什么感觉？”这时他会现身说法，一边使昆达里尼从底层向上爬升，一边讲述自己的感受，但只要昆达里尼抵达喉咙的部位，他就会失去知觉，进入神迷状态。

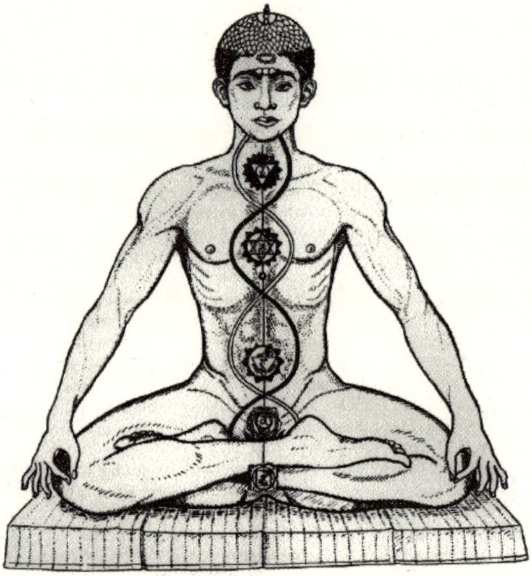

图 2-1　昆达里尼的运行路线

这可不是什么天方夜谭。近年来我对一些与精神分裂症、精神病相关的研究特别着迷。在这两种情形中，人们都会丧失意识，无法将自我意识与意识世界连接起来，从而陷入无底的精神深渊。很久很久以前，我就惊奇地发现，瑜伽经验与弗洛伊德、阿德勒和荣格讨论的人陷入深层精神状态的情形如此相似。近些年来精神病学家就这些问题发表了许多论著，但他们往往对瑜伽一无所知。尽管如此，他们时下撰写的文章及人们在精神病患者日记中读到的内容，与瑜伽经验可谓若合符节。

我曾与一位德高望重的精神病学家就神秘主义、瑜伽与精神病的话题展开深入探讨。如果我的理解没错，在他看来二者几乎就是一回事：瑜伽行者也会经历一定程度的精神分裂，不过他们不会陷入潜意识的深渊，而一般的精神病人则会在潜意识的深渊里苦苦挣扎。当我们将精神病与瑜伽经验进行比较时，我们说的是同一座深渊、同一片海洋、同一种危机，只不过精神病人是在深渊中溺水了，而瑜伽行者却是在其中畅游。溺水与畅游还是有区别的。

下面我给大家讲讲这个深渊（也可以说是“旷野”，如果你更喜欢这个意象的话）。也许有一天，不管是有意为之还是精神状况所致，你或你的某个朋友可能也要穿越这片水域。这不是什么虚无缥缈的异域奇谭，而是与每个人息息相关的事。正如英国精神病学家莱恩（R. D. Laing）在其著作《经验政治学》（*The Politics of Experience*）中所说，每十个当代人中就会有一个遭遇心理崩溃。[4] 荣格也宣称，只要有一个疯子被投入精神病医院，就有十个疯子还在大街上游走。据此可知，此刻正在阅读本书的读者中，至少有一位极有可能就是精神病患者。

就此而言，本书称得上是一份地图，一份能指引读者从此处前往他处，而后安然返回的地图。

与罗摩克里希那不同的是，我没有操控过昆达里尼，因而既能给你们描述昆达里尼抵达上层区域时的情况，又不会有失去知觉的危险。当然，我只能根据前人的报告来介绍，但我会尽量使大家了解昆达里尼的运行过程。

人体内七个脉轮中的第一轮被称为根轮（mūlādhāra，意为“根基”）。灵蛇蜷卧在这朵莲花中，蛰伏于脊柱底部的巢穴，处于慵懒、怠惰的状态。此时的它犹如一条龙。我们都了解西方文化中龙的秉性：它们蛰居洞穴，守着一堆黄金宝藏，还会掳来一位美丽的少女囚于洞中。宝藏和少女对龙来说其实都没什么用处，它们只是想“把持”。这些龙就像那些围绕第一脉轮生活的人一样，总想攫取、把持权力，沉溺于一种了无生机的生活：没有活力，没有愉悦，没有生命，只是一种乏味、单调的存在。从秉性上来说，蜷曲于根轮部位的昆达里尼很像查尔斯·狄更斯《圣诞颂歌》中那位未经奇妙之旅、还没有被三个鬼魂改造的老守财奴埃比尼泽·斯库卢奇。但愿你不会遇到这样的人。不过我是遇到过的。

瑜伽修行的目的是激活昆达里尼，让它从脊柱底部的巢穴中爬出，不断上行，直至与世界之主，也即位于头顶的第七轮顶轮（sahasrāra）合一。

有一首虔敬的孟加拉歌谣中有“醒来吧，母亲”的句子：

醒来吧，母亲，醒来！
你睡得如此漫长
在根轮的莲花中！
去履行你秘密的职责：
升到顶轮去，
伟大的湿婆就住在那里！
迅捷地穿过六道莲花，
哦，你是意识的精华，
请带走我的悲伤！[5]

苏醒的昆达里尼开始向上穿过脊柱的通道，也即中脉（suśumnā）。

第二脉轮位于生殖器部位，称生殖轮（svādhishṭhāna，意为“她的至乐之所”）。这一轮完全以欲乐（kāma）经验为中心。一个人的灵性能量若专注于这一层面，他的心理就完全是弗洛伊德式的，性事是他生活中的唯一目标，但也会成为他的最大苦恼。

昆达里尼继续上行，到达肚脐或腹部，此处被称为脐轮（maṇipūra，意为“闪耀的宝石之城”）。这个部位的特点是喜欢占有、支配、吞食一切，将一切占为己有。这毕竟是腹部之轮啊。若一个人的灵性能量倾注于此，其心理就纯粹是尼采式或阿德勒式的。这种人受权力意志的驱使，总想支配万物，以利益（artha）为中心，渴求成功。

大多数人都生活在第二或第三层面，受欲乐原则或权力原则的支配。总体来看，弗洛伊德心理学认为性欲是生命的根本驱动力。阿德勒的心理学则认为权力意志是生命的根本驱动力，其他所有驱动力均为这种欲望的升华或转移。印度人也是这么说的，他们认为欲乐与利益都是人类的根本驱动力。二者其实都是位于最底层的龙的意志（即单纯的求生意志）的转移，只不过在第二和第三朵莲花这两个较高的层面，多出了生命的活力与动力、欢乐与痛苦。能量中心停驻于这两个层面的人，容易受外物驱动，他们的自我实现有赖于他们与外部事物的关系。第二脉轮注重性爱，第三脉轮渴望在军事、商业、性爱等领域取胜。荣格把这种人格称为外向型人格。

我们人生的大部分时间都在为这几个脉轮奔忙，然而还有四个层面等着我们去认识呢。

接下来是非常有意思的第四脉轮，即心脏层。大家都知道，在罗马天主教的耶稣像中，耶稣的心脏是裸露在外的，被称为圣心（Sacré Coeur）。正是在心脏的层面，人们开始接触一些更高的原则，产生对艺术和精神的追求，而不再执着于经验与外物。当昆达里尼升到这个部位时，人们会获得一种华兹华斯所说的奇异感觉：

……庄严地感到
仿佛有某种流贯深渊的素质，
寓于落日的光辉，浑圆的碧海，

蓝天，大气，也寓于人类的心灵。①6

我们备受鼓舞地走上追寻神圣之路。据说神会在心脏的位置与信徒相遇。也就是说，神要屈尊下行，信徒则要往上攀升。这一情形的常见象征是由两个等边三角形相向交叠构成的六角星。西方人称它为大卫之星。另一个在东方图像中较为常见的形象是一对足印。它们是神圣者的足印。你要是看过佛陀的足印图，定会发现每个足印上都刻有法轮标志。在耶路撒冷，穆罕默德升天前也在一块石头上留下了足印，雄伟的阿克萨清真寺就是围绕那块巨石建造起来的。印度有个小镇叫“毗湿奴的足印”，据说毗湿奴曾在这里留下了自己的足印。总之，神会降临心脏的位置并留下他的足印，信徒则需来到此处以双手触碰神的双足。印度人礼敬圣人或僧侣的方式之一，就是用手擦去他们脚上的灰尘。手的图像也见于大量远古神庙中。在一些存在于约公元前 30 000 年、用于宗教活动的旧石器时代洞穴中，人们就曾发现信徒触摸神迹留下的手印。

图 2-2 佛陀的足印，公元前 1 世纪

心脏之轮的名称来源十分有趣。它被称为心轮（anāhata），意思是“勿

① 出自英国浪漫主义诗人华兹华斯的名诗《廷腾寺》，取自杨德豫先生译本。华兹华斯：《华兹华斯诗歌精选》，杨德豫译，北岳文艺出版社，2000，第 127 页。——译者注

击”（not hit），全译就是“非由两物相撞发出的声音”。也许你曾听过日本禅宗的一则公案：“一只手能拍出什么声音？”回答：一只手拍出的声音与两物相撞发出的声音不同。我们平时听到的声音都是由两物相撞发出的：说话的声音由气流与声带碰撞发出，小提琴的声音由琴弓摩擦琴弦发出，海浪的声音由海水拍击海滩发出，如此而已。那么，“非由两物相撞发出的声音”究竟是什么声音？它就是梵之声。世界本身是梵的能量沉淀的产物。爱因斯坦告诉我们，能量即质量。这么说吧，质量是能量在空间中的投射，也可以理解为质量是沉淀于物质之中的能量。能量在转化成质量之前发出的声音，就不是由两物撞击发出的。印度人只要捂上耳朵，就能够理解这种声音究竟是什么。你不妨试试，一定也能听见。现在我们知道，这种声音其实也是由两物相碰撞发出的，即血液流经耳膜周边的毛细血管形成的。但若不了解这一点，就可能真以为它就是那个声音。

这个声音被称作“唵”（aum）。神圣音节“唵”就是非由两物相撞形成的声音。在梵文中，字母 o 的发音被分解成 a 和 u 两个音节，属于人们熟知的双元音。因此，aum 这个词还可以写成 om，在理解它时应兼顾这两种情形。发“aum”这个音时，声音起于口腔后部（a），而后令气息充满整个口腔（u），最后闭合双唇（m）。要是你能准确发出这个音（这很不容易），就意味着你能发出人类口腔所能形成的全部开口音。按此说法，辅音不过是对这些元音字母地打断。因此，全部的词语及其意义都不过是“唵”音不规则的变形，正如我在前面说的，池面上令人眼花缭乱的影像不过是瑰玮的宇宙意象的破碎变形而已。

“唵”代表神，是神化为声音的形态。我们习惯将神想象成可见的形态或形象，但若是有朝一日能遇见神，我们定会发现声音也是神的形态的一部分。“唵”是神的声音，是世界之主的声音，世界本身就是神的思想、存在和能量物质沉淀的结果。“唵”是道中之道（word of words），是我们在《圣经·新约·约翰福音》的“太初有道……道就是上帝”中读到的太初之“道”（Logos）。①[7]

既然“唵”是世界之主，那么在某种程度上，世间万物和人间百态就应该被看作是含纳于“唵”之中的。这样，我们就不得不运用类比的方式来进行讨论了。a是个悦耳的开口音，与醒觉意识，即我们在醒觉状态下体验事物的方式息息相关。在醒觉状态下，我们看到的事物不是我们自己，认知主体与认知客体判然有别。在这种状态下，亚里士多德的逻辑学支配着我们的思维，a非b，我不等于我所见之物。此外，我们认为自己看到的事物均由粗重的物质组成，它们不能发光，需要由外部光源来照亮。

u与梦境意识相关。梦境意识完全不同于醒觉意识。在梦境中，你既是认知的主体（你注视着梦境），又是被认识着的客体，梦乃是你自身本质的外化形式。在这个阶段，主体与客体表面上彼此不同，但实际上是相同的。此时，亚里士多德的逻辑学不再奏效，主体与客体合而为一。进言之，此时的客体已变得微妙，能轻而易举地改头换面。此外，它们自己也能发光，你不用开灯来看你梦中的事物。

m与无梦的深度睡眠有关，这是一个神秘的领域。这时意识仍然存在，只不过处于潜伏状态。熟睡的人也是有意识的，只是他们自己意识不到这点。就像前述《奥义书》那则轶事中国王对婆罗门所说的，要是我们把睡着之人叫醒，他的意识仍是存在着的。人的意识可经由梦境或醒觉两种方式复苏，但此刻它被黑暗覆盖着。我们来谈谈无意识的意识。这种意识其实意识不到任何事物，它是一种缺乏特定对象的意识。这种意识不涉及任何客体——不论是梦中的客体还是醒觉状态下的客体。

① 《约翰福音》第一章第一节为“太初有道，道与上帝同在，道就是上帝”，与之相应的英译为“In the beginning was the Word, and the Word was with God, and the Word was God”。在西文语境中，Logos、Word、God三者意义常有相通之处。——译者注

aum 是个三音节词，但它其实还有第四个音节。第四个音节是什么？是“唵”被发出之前及发出之后的静默。静默与“唵”构成了这个词的全部，也代表着此时此刻的整个世界：静默代表非存在，而“唵”代表存在。静默与“唵”相依相存，不可分割，彼此关联。因此，当我们想到这个词的时候，它本身就囊括了世间的全部奥秘。

不过，当一个人念“唵”的时候，声音仍是由两个物体碰撞产生的，还不是非由两物相撞形成的声音。但通过反复念“唵”，能使人心专注于一点，最终听到那非由两物相撞发出的声音。一旦你听到了那个声音，接着你就能在万物中听到它。聆听城市的声音，聆听冰箱的声音，聆听各种各样的声音，只是不要将它们人格化，也不要尝试界定它们，你就能够听到“唵”。“唵”就是你的心脏与自身存在之声，只要听到了它，你定会为之着迷。你会因为它而走向平静，从此处处都能听到它，再也不用遍寻寰宇。你所寻觅的东西就在咫尺之间，蕴于万物之中。人只有抵达心轮的层面，才能领略这种共鸣。

听到“唵”的声音之后，人就摆脱了低级驱力的支配从而转向更高的领域，仿佛进入虚空之境。当人的能量上升到这一层时，人的性质变得难以描述。但恰恰是在这里，个体自我——阿特曼（ātman），找到了自己的终极根基：个体自我与梵走向合一。一个人反复默诵着“梵——阿特曼”或“阿特曼——梵”，二者合而为一。

在二元化的尘世间，个体自我不断向内汲取灵魂的能量，但它所瞄准的外部力量却是咱们的老朋友——梵。

昆达里尼升到这个层面后，开始一心一意地排除现象世界对意识的干扰，迎面走向那个声音，走向那个声音代表的形象。第五脉轮位于咽喉部位，称为喉轮（viśuddha，意为“涤罪者或净化者”）。在喉轮部位，人们要努力扫除横亘在自我与纯粹的“唵”或神性存在之间的尘世干扰。第五脉轮是苦行之轮，僧侣戒律之轮。修行到这一层面的人会将自身的全部能量倾注于宗教热忱，把第三轮中原本耗在工作上的驱动力转向自我，抑制各种外倾取向，将全部精力转向内在，专注于此。“喉轮”一词对应西方人的“涤罪”（purgation）概念。这一轮的通道相当于炼狱，人们在此涤除自身在尘世中的种种缺陷，以体验终极之境。

接下来是第六脉轮眉心轮（ājñā），即“第三只眼”，这只眼是我们的内视之眼，能够在终极异象中感知世界之主——那超越人但又以人的形态显现的神圣存在。换句话说，神圣存在会在此间显现。在这里，个体灵魂，也就是梵的化身（梵总是一次次地返归始源，化为个体），凝视着世界之主自在天（*Īśvara*）。用西方人的话说，这里就是天国。在这里，个体灵魂找到了自己真正的爱人。在位于双目之间的第六脉轮，第二脉轮那种眷注于生殖器的性爱激情也找到了自己真正的目标。

西方读者对这些想法可能会感到隐隐的不安。他们发现，世人似乎只有两条路可走，要么是瑜伽的遁世之路，要么是瑜伽的追寻爱人之路，此外别无选择，而无论选择哪一条，表象世界最终都会被焚为灰烬，遭到遗弃。的确，这两种瑜伽修行的最终目的几乎是一样的。从传统的东方文化的角度看，无论通过什么方式，唯一重要的是获得永久的觉悟。在觉悟的状态下，俗世的一切如过眼烟云，宛若水波滑过莲叶与莲花般了然无痕。

我的身体里装着恒河和亚穆纳河，
装着普拉亚格和贝纳勒斯，
装着太阳和月亮。
我的身体里装着全部的圣地：
诸神的宝座和通往宝座的路线。
我不知道世间还有什么样的圣地，
或安乐之所，

堪与我的身体相媲美。[8]

位于中脉左右两侧的两根脊髓神经分别是阴性能量与阳性能量的通道，瑜伽行者调息时需将二者汇集到一起。此外，昆达里尼被视为一种阴性能量。纵观多姿多彩的印度神话与图像体系，有效能量（即动能）往往被想象成女性。“萨克蒂”（śakti）一词的本义是“能量、权能、能力或力量”，同时还有别的含义：作为某位神灵配偶的女神；作为男性精神伴侣的妻子；女性生殖器，即与林伽[①]相对的女阴（yoni）。蜷卧于根轮的昆达里尼是居于头顶的莲花之神的萨克蒂，为了与后者结合，它顺着脊柱向上爬行，如同情窦初开的少女怀着炎炎欲火，穿越危险与诱惑丛生的森林，最终在满足中走向毁灭，又在最终的毁灭中获得满足。这是一次追寻爱人之旅。

与此相似，人们认为完美的身体应该是雌雄同体的，它既不是完全的男性，也不是纯粹的女性。印度的某些艺术作品就有对该主题的表现。譬如在《半女之主湿婆》（*Śiva Ardhanārī*）的雕像中，湿婆就是“半个（ardha）女人（nārī）”的形象，其左半边身子是女人的，右半边身子是男人的（参看图 1-3）。为了认识内在完美的自我，瑜伽行者要唤醒内在之神的能量（萨克蒂），引导它走上通往头顶神明的道路，防止它在布满诱惑的森林中迷失。缺少这一能量，头顶的神明可能永远只是一具缺乏生命能量的尸骸（śāva）。男性原则被描绘成一个安静的离群索居者（这种想象可能有其印度生活方式的基础）。然而，当女人对男人悄声耳语，细说着他将会创造怎样的世界时，尸骸就会马上变成“吉祥者”（the propitious）湿婆。因而，在现实世界中湿婆－萨克蒂的形象成为完美的行动意识的代表。

不过，还有一种更为直接而自然的方式可以促成湿婆－萨克蒂的结合，那就是性行为。我们不需要用男神与女神的关系类比，因为男人和女人本身就提供了相应的形象和经验。事实上，在印度艺术与文明的高峰期，很多人都认为

① 林伽（lingan），梵语，男性生殖器像，是印度教主神湿婆的象征之一。——编者注

取法性爱的瑜伽或曰密宗瑜伽（Tantric yoga），不但是最自然、最简单的途径，而且也是最有效的修行途径。若食欲和性欲是大自然的根本驱动力，那么对食欲和性欲的压抑就是非自然的，持续不断地压抑它们只会导致病态，而不是导向升华。要认识真理就绝不能施加任何非自然的压力，而应遵循大自然本身指明的道路。自然的力量非但不应被除灭，反而应当予以强化，唯其如此，它们才会自行发生转化，主动给出彼岸的启示。[9]

男人身体的右半边以男性气质为主导，女人身体的左半边以女性气质为主导。男女交合之时的狂喜，即便是最低程度的愉悦，都是“大乐”（mahāsukha）的表现与征象，而大乐乃是存在本身的狂喜和本质。

这种修行方式的极端践行者是萨哈吉亚派（Sahajayas）。在他们看来，世间除了人，不存在任何神灵，只要拥有爱的力量，人就是神。[10]

然而，当昆达里尼升到这一层面时，灵魂与其爱人（也就是主）仍是彼此分离的，它们仍未合一。

在第六脉轮，万物之间仍是“我”与“你”的关系，是灵魂与爱人的关系。虽然我们已经能看见整个生活的神圣目标，但灵魂与其对象之间似乎还隔着一层玻璃墙，而完美的爱是不应有隔膜的。

昆达里尼的终极目标是超越二元性，这只能在位于头顶的第七脉轮顶轮（sahasrāra，又称“千瓣莲”）中实现。一旦昆达里尼到达头顶，存在于灵魂与其爱人间的隔膜就消失了，而灵魂和它的爱人也会一并消失。只要存在认知的客体，就必然存在认知的主体，以及二者之间的关系，但随着隔膜的消失，灵魂和神也就双双隐去，超越二元对立，合而为一。

我们只能用自己的语言，勉强将这种状态称为“同一”（identity）。但严格说来，这种状态不能叫作“同一”，因为它超越于所有范畴之上。我下面要谈到的就是这点。当昆达里尼越过第六轮与第七轮间的神秘界限时，不可思议的事情出现了：简言之，一切现象、主体性都被超越了。叔本华在《作为意志和表象的世界》中谈到过这点："但愿我们能理解'一'何以能变成'多','无'何以能转化为'有'。"[11] 他把这一悖论称为"世界之结"（world knot）。只要理解了这个悖论，我们就能够理解一切。遗憾的是，我们无从理解它。

身体、意识与心灵的瑜伽

珞迦瑜伽（大瑜伽或王瑜伽）之得名，就在于它的要求极为苛刻。事实上，由于它的要求实在太高，以致人们专门发展出一套让修习者先做好提升昆达里尼准备工作的预备性瑜伽，这就是哈他瑜伽（haṭha）。哈他瑜伽是一种健身瑜伽，旨在增强体力，提高身体的协调性和可塑性。修行者需要做出倒立、弯曲背部、挺直双腿等各种动作，目的不是走向觉悟而是强身健体。哈他瑜伽被看作修行珞迦瑜伽的必要准备，因为珞迦瑜伽对身体素质有着很高的要求，就像赛跑运动员要做好赛前准备一样，修行者最好是先练好身体。

讽刺的是，西方人所学的绝大部分瑜伽都是此类瑜伽操。有一些书籍会教你如何在家练习瑜伽，这有点儿像运动前的热身，其实就是教人做健身操。不过在我们看来，哈他瑜伽本身也是一种瑜伽，而不是修行珞迦瑜伽的预备。

不是所有人都能转向内在接受心理层面训练，他们不能通过调息、体式、冥想等方式沿着脊柱提升昆达里尼。但我们所有人都会有所行动，因而都可以修习行动瑜伽。修习方式如下：做你认为应当做的事，不去计较事情的结果，不期待或担忧这事可能会给你个人或他人带来的种种后果。这就是所谓的"业瑜伽"（dharma yoga）。

这是一道令人生畏的非凡教义。西方或许也有类似的教义，但在具体的表现形式上东西方存在一个重大差异：在东方社会，个体的责任往往是由社会强行规定的，也就是说，社会把一整套责任强加在个体身上，希望他能毫无怨言地履行它，而不管这是什么样的责任。这就是为什么在《薄伽梵歌》中克里希那（Kṛṣṇa）[①] 要对战场上的阿周那（Arjuna）说“你是一名战士”，阿周那的人生目标，就是追随由其出身阶层所决定的正法。

西方社会则秉持这样的信念：每个人都要为自己的评判和决断负责；没有人是输入指令后让他做什么他就做什么的机器人；每个人都是有意识、能思考、评判的成熟个体，每个人都应对自身的行为负责。一个人可能不是一名好士兵，却可能是个好公民。根据上述印度教义，每个人只要依据自己的思想水平履行相应的责任，就是在实践行动瑜伽。

此外也简单介绍一下另两种瑜伽。其中一种是哲学瑜伽。这种瑜伽不注重调息训练，与强调静坐的瑜伽很不一样。哲学瑜伽（也叫明辨瑜伽）强调区分认知主体与客体：我不等于我的身体，我是我身体的认知者；我不等于我的情感，我是我情感的认知者；我不等于我的思想，我是我思想的认知者；我不等于我的理想和目标，我是它们的认知者。如此区分下去，你几乎再也看不到自己。通过这种冥想，人将自己从现象界分离出去。佛陀在这条路上走得更远。他说，不存在什么认知主体，你也不是什么认知主体。由此，人的每一种形象都被剥离，从而也超越了所有形象。这就是哲学瑜伽。在梵文中，它被称为“智瑜伽”（jñāna yoga）。

还有一种带有西方人所说的宗教性质的瑜伽。在所有瑜伽中，只有这种瑜伽涉及具体的神，这位神可以是我提到过的神灵中的任何一位。这种瑜伽要求人们热爱这位神，全心全意侍奉他，久而久之，人就能超越关于神的所有认知。在印度，人们称这种瑜伽称为“信瑜伽”（bhakti yoga），一种注重虔信和仪式的瑜伽。

① 克里希那，即印度教最重要的神祇黑天。其名梵文意思为黑色或深蓝色，最早出现于史诗《摩诃婆罗多》中。常以小孩子的形象出现，有时身边会伴随妻子拉达或一群年轻的美女及孔雀、牛、蛇等动物。——编者注

如果说昆达里尼瑜伽包含了七个层面，那么在信瑜伽中爱或虔信也被分为五个层次。

在信瑜伽中，最低层次的宗教之爱是仆人对主人的爱："我主，你是我的主人，我是你的仆人。你叫我做什么，我就做什么。我的责任是什么？"我们很熟悉此类宗教实践。

第二层宗教之爱是朋友之间的爱，就像克里希那对阿周那及其兄弟们的爱。阿周那及其兄弟们被称作般度五子（Pāṇḍavas），是《摩诃婆罗多》的主人公。这种爱也类似基督对其门徒的爱。它是一种更高形式的宗教预备（religious readiness），它的目的是要建立自我与内在伴侣的关系。要想与神建立这种关系，你的宗教意识就必须比仆人阶段的宗教意识更高。要成为神的友人，让他成为你的内在伴侣，你要与他同在，时刻惦念着他，而不单单是每周供奉一次或每年供奉两次。

第三层次的爱是父母对子女的爱，人要把神灵当作自己的子女。这有点像基督诞生的意象。它表示人要唤醒自己心灵深处的神婴，并全心全意地抚育这小小的神婴，呵护它，培育它，帮助它茁壮成长。

印度传统文化中有一系列讲述克里希那童年时期事迹的迷人小故事。虽然印度人称克里希那为"黄油小偷"，但人人都喜爱这个淘气的小男孩。有一天，他母亲的一位朋友跑来说："小克里希那在吃泥巴呢。"母亲赶紧跑出去，揍了他一顿，掰开他的嘴抠出泥巴，又把他的嘴巴洗干净。这时，他做了个恶作剧：当母亲看向他嘴里时，发现整个宇宙在里边一闪而逝。那时她还不知道克里希那是天神的化身，吓得寒毛直竖。后来为使母亲心安，他就暗地里消除了她对那件事的记忆。

《罗摩克里希那福音》（*The Gospel of Sri Ramakrishna*）记载了与此相关的另一件非常有趣的事。[12] 有一天，一位妇人来到他跟前，对他说："大师，我不爱神。我知道自己不爱神，无论怎么假装都没用。我不懂神，关于他，我什么都不能理解。我觉得自己不爱神。”

罗摩克里希那问：“你什么人都不爱吗？”

“不，”她说，“我爱我的小侄子。”

他说：“那你就是爱神的。你爱护你的侄子，就是在侍奉你的神明。”

另一个小故事也表现了这一层次的虔信。故事说，有个牧牛人正在唱礼赞雷神因陀罗的歌。克里希那忠告他：“你为什么不礼赞你的牛群呢？它们可是你的生计，你应当敬拜它们啊。”

东方人认为世间万物的内在都有神圣的火花，因而生活中的一切行为都具有神圣性。这是东方瑜伽的根本理念。我曾说过，它其实也是东方所有宗教的根本理念。我们在这里讨论的就是如何将这种超然的领悟付诸实践。

第四层次的爱是夫妻之爱。打个比方，它就像是修女对自己的新郎基督的虔信。不过，它同时也代表丈夫与妻子对彼此的呵护与敬爱。

在关于爱这一点上，印度人也走得更远。第五层次的爱，也就是最高形式的爱，是“非常规之爱”（illicit love）。在这种爱中，爱是生命的全部，为了这种爱，一个人可以置声名于不顾，可以放弃工作，甚至为爱失去性命。那些为这种爱而疯狂、而舍弃俗世的人，是至高的爱人，他们的爱是最高形式的爱。克里希那与牧女的爱就是一例。

中古时期的孟加拉诗人胜天（Jayadeva，约 1100 年）在其杰作《戈文达赞歌》（*Gītā Govinda*）中讲了这样一个故事：只要少年克里希那在林间吹起长笛，挤奶女工和年轻的主妇们就会竖起耳朵聆听，不一会儿她们便纷纷扔下锅碗瓢盆，跑到野外去了。这位音乐家行踪难觅，因而女人们总会离家许久。家务便没人做了，也没人为丈夫们做饭，当地的日常生活都乱了套。

她们找了一整天，还是不见那惹人喜爱的骗子的踪影，于是年轻的女子们停下来休息沐浴。在印度，沐浴也是一种崇拜方式。“女神啊，求求你，”恢复精神后，她们开始祈祷，“让克里希那做我们的主人吧！”

有一天，她们又脱掉衣裳下河玩水，还哼起小曲赞美她们的音乐家。少年克里希那暗地里听见了歌声，就悄悄靠近她们，躲在树叶后面偷看。随后，他卷起她们的衣服夹在腋下，爬到了树上。女人们洗完澡回到岸上，发现衣服不见了。窘迫之际，一位姑娘发现了躲在树上的克里希那，于是所有人又都急忙跑回亚穆纳河里躲起来。

克里希那哈哈大笑。“你们都出来吧，”他喊道，“来拿回你们的衣服。”

“你说得好听，”她们骂道，“难道你一点都不顾及我们丈夫的颜面吗？我们回头要告诉我们的爹妈和你的爹妈，你要挨罚了。还有啊，还不是因为你，我们才来这里洗澡、守誓的。”

“要真是这样，”男孩说，“那就别害臊，过来拿回你们的衣服吧。”

她们交头接耳商量起来。“他看了我们所有人的身子，也知道我们的想法，”其中一个说，“说到底，有什么可害臊的呢？”她们做出了决定。最终，姑娘们还是低垂着双眼，从河里走了出来。

克里希那又一次放声大笑。“大家手挽手，”他说，“过来拿回你们的衣服吧。”

年轻女子们强迫克里希那许下诺言，待到雨季结束的秋天他要陪她们跳舞。姑娘们焦急地等待了一个夏天。终于，在一个月圆之夜，一声长笛划过耳畔。女人们再次扔下锅碗瓢盆，迅速梳妆打扮，奔赴林边，田野里到处留下了她们雀跃的足迹。有位少妇被丈夫逮住，带回家关了起来。但她向长笛之主默传心意，于是灵魂出窍，第一个到了他那里。这是因为克里希那及时向她伸出了援手。

在树林深处，女人们看见了克里希那。“好了，”他向她们致意，“你们度过了一个美好的夜晚，你们欣赏了美丽的亚穆纳河畔沐浴着月光的参天大树。这就够了。现在就回家吧，回到你们丈夫的身边。”

女人们气愤不已，又哭又骂，指责克里希那狠心欺骗了自己，并乞求他的怜悯：“我们扔下丈夫、家庭和全村人，置世人的唾骂于不顾。现在，除你之外，再没人能护佑我们了。主啊，我们掉进了你的情网。”

克里希那用灵巧的双手在亚穆纳河畔搭建了一座金色的圆形舞台，又在舞台周围种满芭蕉树，挂上各式各样的花环。姑娘们退到河边梳妆打扮。她们拿出琵琶和铜钹，开始载歌载舞。长笛恋人站在舞台中央，让她们绕着自己旋转，不知不觉所有人都进入了神迷状态：每个人都认为此刻的克里希那完全属于自己。

突然间，克里希那消失了，只带走了俊俏的拉达（Rādha）。剩下的人目瞪口呆，感到很害怕。她们开始四处寻找，哭号着：“你为什么要丢下我们？我们可是抛弃了一切啊！”她们向大树、野兽和小鸟打听：“他可曾路过这里？你们见到他了吗？”后来，她们发现了他的脚印，旁边还有一个女人的脚印。她们来到一张树叶铺成的床跟前，发现旁边有一面宝石镜子。“他去哪儿了？”她们问镜子。但镜子默不作声。

而此时，拉达满怀快乐与自豪，幻想自己是最美丽的少女。得意忘形之际，她叫爱人把自己扛到肩上。但就在她准备踏上这坐骑的一瞬，克里希那消失了，留下她张着双手孤零零地站着。

年轻的女人们找到了拉达。她们欣喜若狂，仿佛找回了丢失的半数财宝。她们拥抱拉达，所有人都拥抱她，大家又哭又笑。随后，拉达也加入她们的行列，继续无望地寻找。直至筋疲力尽、衣衫不整，她们才返回亚穆纳河畔坐下，因爱而悲痛哭泣。

这时，克里希那再次出现了。“像僧侣为了神而出家那样，”他说，“你们来到我的跟前。你们通过了所有考验。我应该如何奖励你们呢？”说完他重新奏响了长笛。

年轻的女人们，这些牧女们都站了起来，再次翩翩起舞。克里希那不断变换自己的容貌，在舞圈中和每一个人跳舞。蓝黑皮肤的克里希那与白皙的牧女们一同旋转，犹如一根用蓝宝石与黄金串成的项链。有人弹起了琵琶，引吭高歌，身心两忘。一位牧女伸手止住克里希那的长笛，自己继续哼着长笛曲，这位英雄般的神明也陶醉了，宛如孩童在镜中窥见了自己的脸蛋。

众神从天国降临，观看这美妙的舞蹈。风停了，水静了。当还剩下四个人守夜的时候，克里希那停了下来，宣布所有人都该回家了。“只要你们像瑜伽行者那样时时冥想着我，”他说，“我就会长伴你们左右。”[13]

夫妻之间的爱往往涉及各种人生责任，而神圣的奉爱（divine passion）却是纯粹、不含任何约束的爱。牧女们为克里希那迷狂的爱，有点儿像 12 世纪普罗旺斯游吟诗人们的秘密恋情。游吟诗人的爱是非常规之爱、危险之爱，它不是社会常规意义上的爱。在这种爱中，人的心灵感受到一种无法抗拒的吸引，从而失去了控制，它表现为遁世者的疯狂，表现为狂热地爱着神的人的疯狂。

无独有偶，在广袤的伊斯兰地区，同时代的内扎米①和拥护“双重真理”论②的其他穆斯林诗人也热情讴歌了约瑟与波提乏之妻（即优素福与祖莱哈）③的激情之爱：

① 内扎米（Nizāmī，1141—1209），中古波斯著名诗人，代表作为《五卷诗》。——译者注

② 双重真理（the double truth），中世纪阿拉伯哲学家阿威罗伊（Averroe，1126—1198）的观点，认为理性和天启、哲学、宗教并不矛盾，除天启信条外，一切事物都应接受理性的检验和判决。——译者注

③ 优素福（Yusuf）与祖莱哈（Zuleika）是《古兰经》中的人物，对应《圣经》中的约瑟（Joseph）和波提乏之妻（Potiphar's wife）。——译者注

是谁把律法当作自己的外衣
把神秘之道当作自己的内衣。

这一时期的日本也是如此。佛教众生一体的观念掀起了一股神秘主义思潮，在此思潮的影响下，关于浪漫爱情的宫廷游戏悄然兴起。这是一个随处都能遇上云侠客（cloud gallants）和花仙子（flower maidens）的时期，人们满怀“温柔、怜悯与同情”（即“哀”）体察自然的哀婉。在《源氏物语》中，紫式部对此做了热情的讴歌。“知物哀”就是要“懂得（shiru）物（mono）之哀（aware）”，要有一颗慈悲之心，而这恰是佛性的要义。远东地区的这种思想正相当于普罗旺斯地区的“温柔心”，以及印度牧女的神圣迷狂。

上述几种传统都认为，婚姻象征着“律法”，意味着爱的强制，代表了“神秘之道”（the mystic Path）。因而，在某些短暂的闪耀时刻，从英吉利海峡到波斯湾再到日本海，世间的每座城堡都回响着同一曲臣服于爱的颂歌。只不过，由于这些地方的人们分别信奉的是基督教、伊斯兰教、印度教和佛教，是以他们用不同的乐器来演奏这首歌。

痛苦的轮回[14]

出生与重生

耆那教、印度教和佛教等起源于印度的宗教均以转世思想为核心。转世思想之于印度神话的重要性，就如同末日审判、天国和地狱等思想之于西方传统的重要性。在转世思想中，灵魂（我称之为不断转世的单子）一次次地披上又褪去肉身，就像人不停地换衣服一样。

那么肉身的作用是什么呢？肉身负责将人永生不死的灵魂（jīva）带到俗世之中。肉身向灵魂发出种种挑战以此刺激灵魂，不死的灵魂在吸取了此生所有可能的经验后，就丢弃这具肉身，披上另一具肉身。根据这种观点，一个人将降生到哪个种姓或社会阶层，视灵魂的准备情况而定。这就是说，在一定程度上人可以选择自己的父母。每一个灵魂都在为特定的经验类型做准备，以便最终投生到能提供此种经验的家庭中。

但是，个体的灵魂可能会抗拒这些经验，因为这些经验无法使它从此世中获益。这种情况下的灵魂就像一条个头太小的鱼一样被打了回去，直到它做好相应的准备。灵魂的最终目的是不用再披上任何肉身，无须投生为任何凡俗之物，从而获得解脱，与光合一。

是什么让灵魂像梅西百货公司里不断试围巾的顾客一样，一再地披上肉身呢？是欲望和恐惧。人渴望活着，畏惧死亡。当人彻底战胜欲望和恐惧，摒弃赖以生存的一切，就不需要继续投生了。这是所有瑜伽的终极目标。当然，你也可以通过接受各种形式的训练，进而认为自己已经摆脱了欲望和恐惧。但千方百计地想要摆脱它们本身恰恰也是一种欲望。每个僧人都会遇到一个有趣的悖谬：越是费劲儿地要放弃什么，就越是强烈地渴望什么，由此陷入两难。觉悟往往在人最不经意的时刻到来。依我看，基督教意象中同样包含了这种思想：基督总是不期而然地降临，因此人要时刻做好准备。曾有一位圣徒写道："千万不要错过耶稣啊，他可是不会再来的。"彻悟总是在不甚留意的时刻降临，通常情形下，人越是执着于它，它反而越不来。

Jīva（个体灵魂）是个梵文词，意指不断转世的实体，相当于拉丁文中的viva（生命）。个体灵魂是一种活生生的力量，它能够反复地披上肉身。从更高层面来说，既然众生都是终极存在（梵－我）的化现，所有个体灵魂都是自我的化现，那么只要人能认识到此生即是涅槃（nirvāna），就会放下追求解脱的执念，从而能在尚在人世之时便获得解脱。要做到这一点，关键是要在尘世生活中保持某种平衡。田径运动、音乐、舞蹈表演之类的训练之所以十分有益，就在于要想干好这些事，人就得一方面坚持训练，另一方面又不能做得太过。在此过程中，人应保持放松的状态，把训练活动交给身体，交给正在运行的能量，这样才能腾出意识自如地驾驭身体。这种态度与圣人的态度极为相似。静点（still point）稳居中心，各种运动环绕这一中心展开，人既是涅槃点（nirvanic point），又处在运动当中。佛陀静坐之处被称为不动点，但它代表了整个世界，就像轮毂之于整个车轮。我们从另一个角度获得了一种并非二元对立的认识。

这些认识非常矛盾。人通过调节生活中各种欲望间的平衡和紧张关系，最终与社会体制达成一致，而这恰恰是所有社会体制的目的。佛教把这样的领域称为佛土。每片佛土都有不同的考验方式，目的都是让人最终觉得：我已身在彼岸，此岸即彼岸，众生一体（all one）。这就是终极的领悟——涅槃。

“涅槃”的字面意思是“熄灭”（blown out）。这个意象是说，当一个人最终让自己与佛心（“梵”在佛教中的说法）合而为一时，个体的自我就好似烛火一样熄灭了，他与炽烈的太阳光走向了同一。

然而，当人真正抵达彼岸后，会发现自己其实一直就身处彼岸。伙计们，就到这儿了，我们已经抵达彼岸，再无别处可去，因为从根本上说，此岸即是彼岸。正如日本禅学大师铃木大拙博士所言：“不论这个世界有多少谬误，多少罪恶，多少恐怖，多少平庸，多少愚行，终究还是那金莲世界本身。”只不过，一个人得学会从这个角度来看待世界。

印度有一则寓言，说是三种存在跑到同一条河喝水，神喝到的是甘露，人喝到的是水，魔鬼喝到的是污水。人最终能获得什么，取决于人的意识。因此，下层脉轮与上层脉轮其实也是一样的。这为印度的神秘主义和灵性思想平添了些许颇为骇人的暴力和威权色彩。

恐怖

近年来，不少西方人都读过《薄伽梵歌》，它是塑造印度人灵性生活的核心著作。这首颂歌是伟大的印度史诗《摩诃婆罗多》中间的一段，共计十八章。《摩诃婆罗多》的篇幅相当于《奥德赛》与《伊利亚特》总和的八倍。在这些纷繁复杂的战争与爱情故事中，《薄伽梵歌》有如一颗小小的、闪耀着灵性光芒的宝石。

《薄伽梵歌》的大致情节如下：年轻的战士、王子阿周那统领着王国的军队和般度族的其他四位兄弟。在与敌军统帅俱卢族（Kauravas）赌博的过程中，五兄弟输掉了全部身家，包括整个王国和他们的新娘。阿周那战车的御者是他的好友、由毗湿奴神转世的克里希那。克里希那正是这曲颂歌题名中的“主”，因为他既是一位国王，又是世界之主的化身。虽然他本为神的化身，但在这场以两族兄弟为首的毁灭性战争中，他却充当了一名战车御者。在战斗即将发动、两支军队都在等待阿周那吹响进军号角的肃穆时刻，阿周那对克里希那说：“在发起进攻前，请你把我拉到两军之间的阵地中吧，我想去那里看看。”

于是克里希那驾着车把他拉了出去。阿周那看到双方都是自己仰慕和敬爱之人，他扔掉了弓箭，面色惨白地说：“我宁可死在这里，也不愿点燃战火。”

他的朋友、天神克里希那看着他说：“你什么时候变成懦夫了？你恐怕是发疯了，从而丧失了内心的平静。你是一名战士，而战士的最高目标就是投入正义之战。”在每一场战争中，敌对双方都会自认为是正义的一方。拥有神的高瞻远瞩的克里希那深知这一点：“回到队列中，投入战斗吧！你以为你将要杀死这些人吗？其实他们早已死去！”随后他触碰了一下阿周那的眼睛，瞬时阿周那发现克里希那变成了世界之主，这是一位身形庞大、面目骇人的神，他有许多张大嘴，每张嘴里都长着长长的獠牙。在这广大的异象中，阿周那看到两支军队纷纷飞进了那些大嘴里，如同葡萄一样被碾碎，鲜血如红酒般从中淌出。

阿周那毛骨悚然，问道：“你是谁？”

昔日的友人答道：“我是卡拉（Kāla）[①]。我是黑色的时间，我为终结世界而来。我会永无休止地吞噬人类。”他一面说着一面恢复平静，变回平日蓝皮肤

① 也译作“时母”。黑色的时间之母，在后世信仰中被认为与时间和变化有关。——译者注

的人的样子："你还认为是自己将要杀死这些人吗？我刚才就说过，他们早已死去。你所杀死的只是他们必死的皮相，而他们身上永生不死的部分，你丝毫都碰不到。未曾出生者，永不会死，雨水打不湿它，烈火烧不死它。赶紧回到军中，该干什么就干什么吧。你终要成为命运的工具。"

著名物理学家罗伯特·奥本海默曾在观看原子弹首次试爆时，说过一句名言："我变成了死神，世界的毁灭者。"当时，他的脑海中或许浮现了《薄伽梵歌》中的场景。

世界灵魂[15]

摩耶

当代西方人的个体观念（即自我观念）大体是在弗洛伊德、阿德勒和荣格等人心理学的基础上建立起来的。

关于东方的瑜伽宗教实践与西方的深层心理学，至少可以从三个层面加以讨论。第一，是认知层面。在瑜伽看来，世间诸神、天堂和地狱等都只是人类心理意象的投射。换言之，我们通常所说的形而上学和神学在瑜伽那里被归为心理学上的意识机制。

第二，这些意象所表达和描绘的能量就是决定着生命的方向与进程的能量。从某种意义上说，这些令人着迷的意象被看作命运的象征；它们之所以令人着迷，是因为它们与个体生命的动态进程存在着深刻的联结。这些意象决定着人的存在，在印度它被称为“摩耶”（māyā），代表由幻象构成的意象世界。这些幻象经常使我们背离自己的最大利益，乃至背离我们的初衷。摩耶犹如前文说到的那个波光粼粼的水池，是真实世界破碎、耀眼的映像，它不是真实，它只是真实破碎的表象。

第三，一旦开始意识到这些意象的含义，意识到能量向能量之源的渗透，人就能了悟自己的生命，从而解放生命，为生命的运行赋予某种自发性，并在一定程度上规定它的运动范围。这种状态可谓之“解脱”，即摆脱命运的强制力，达到一种生命自主的状态。昆达里尼瑜伽试图借助七轮（即七个能量中心）神梯升往天界的伟大构想，就是以这种理念为基础的。这种生命自主的状态同时也是精神分析的基本理念，人们一旦清除潜意识中的强制之网，就能获得解脱，成为自由自在的主体。

唯有内在之光，即梵－阿特曼这道无光的终极之光，能穿透摩耶的面纱。我曾见过一只小猫，它在一面镜子中看到了自己的影子。那面镜子没有边框，只是立在墙根。小猫看见镜中的自己，以为那是另一只猫：它本能地弓背竖毛，悄悄接近敌人，当它发起挑衅时，另一只也在挑衅；它步步接近敌人，然后突然绕到镜子后面，却没看到任何别的动物；待它绕回来时，却再一次发现了敌人，于是它又绕到后面去攻击……就这样，一遍又一遍。这一幕可真奇妙。后来小猫从另一边绕到镜子的背后，敌人又再次消失了。于是它开始打量镜子的背面，想看是不是有什么东西。毫无疑问，除了它自己，那儿什么都没有。这只小猫丢失了自己的客体，它甚至从未真正作为主体思量过自己。我当时就想，哦，老天爷，这不就是摩耶的意象吗？

没人能说清摩耶究竟是什么。因为我们生活在摩耶之中，就像鱼儿生活在水中。至于摩耶的另一面，从没有人去过，因而也无从认识它，当然也就没人能对自身的状态做出客观的审视。当人投胎转世，或者从超验的国度返回人间时，那个国度就如同你所能想到的任何神秘事物一样神秘。

据说摩耶具有三重法力。第一重是隐藏力，能够遮住永恒的白光。摩耶就像面具或帷幕一样掩盖真实。

我们还可以把摩耶想象成一面棱镜：白光照在棱镜上，被折射成无数的光线。这是摩耶的第二重法力投射力。大千世界不过经由摩耶投射而成，如同棱镜折射出来的光线。一个只见过七盏彩灯的人，是无法想象白光的样子的。

不过，若将这七盏彩灯放入旋转的盘子中，你就能重新看到白光了。这就是摩耶的第三重法力揭示力。用神话的语言来说，摩耶是呈现为女性面相的世界之母，代表创造原则。白光非男非女，超越一切二元形式。但在棱镜的这一面（摩耶的这一面），存在着男性和女性以及其他所有二元对立的形式。这是母系社会宗教的基础。一切存在形式（包括圣父）都被含纳在摩耶母亲的子宫——一个由空间、时间和因果律构成的子宫中。康德把空间、时间和因果关系这三要素称为“先验感性形式”，而这就是摩耶。这也正是叔本华能够运用康德的术语来阐释印度术语而不显生硬的原因。印度人所说的“梵”就相当于康德的“物自体”（Ding an sich），它不是任何具体事物，而就是物本身。它超越一切感性形式和理性思维，被含纳在摩耶的子宫当中。即便是神，当我们谈论他、想象他、为他命名时，他也被含纳其中了。

昆达里尼瑜伽认为，到了第六脉轮方能感知到世界之主，第六脉轮以下均是摩耶的统治范围。巴黎中世纪博物馆藏有一件非常精美的15世纪圣母像。圣母端坐着怀抱圣子，左手拿着宇宙仪，她的胸膛像储存柜一样可以打开，其中一个抽屉装着圣父、圣子、圣灵及天国的整个唱诗班。天国和地狱全都被囊括在她的身体里，这个形象正是摩耶的形象。圣母的这一形象也象征着幻象的投射力和创造力。

在摩耶的统辖范围内，我们看到的世界之主的形象既可表现为男性形象，也可表现为女性形象。西方宗教的怪癖之一，就是固执地把终极的神性存在表现为男性。终极的神性存在既然已经超越了二元对立，怎么会是男性形象呢？印度人认为，神明的形象都是由个人选择的：每个人会根据自己的心理状况选择不同的神明形象，什么样的神明形象最能说服他、引导他步入更高的精神层面，他就可以选择那种形象。

毁灭与创造之神

在世界各地的传统神话中（圣经传统除外），代表世界灵魂的神灵往往是大母神（Goddess）。对天下众生来说，她既是母亲，又是吞噬者。她先是生育我们，而后又会将我们收回。人总是对死亡充满恐惧，因而大母神也被表现为恐怖的面相。但只要崇拜她，就能解除我们对肉身的执着，解除我们对死亡的畏惧，给我们以回归始源之感。就此而言，大母神能够将我们从渺小的自我之环的束缚中解放出来。

在印度，大母神的主要形相之一是女神卡莉（Kālī），她其实就是克里希那所代表的卡拉，只不过表现为女性的形相，也更具代表性。卡莉周身黝黑（kālī 一词本就是“黑”的意思），超乎一切想象，她是黑暗本身，她是奥秘本身，万物由她而来，亦复归于她。

卡莉女神通常被描绘成这样的形象：她踩在皮肤白皙的配偶湿婆身上，后者仰卧于地。在这幅画面中，湿婆代表毫无生气的死亡形象，象征着通过女神创生万物的超越力量。在整个印度，这对夫妇最为普遍的表现形式，是林伽和优尼正在交合的形象。这个形象往往代表如下含义：男根从下方往上插入女阴，仿佛是深不可测的神秘存在正将生命的能量注入含纳万物的世界子宫中。站在这幅图像前，我们会觉得自己正在冥想一个神秘存在正将能量缓缓注入女神子宫。

图 2-3 卡莉，约 1832 年

在东方宗教中，我们不会看到这样的思想：一个创造世界的人格化造物主开启了宇宙历史的最初时刻，并一直存在到世界的终结。在东方人的观念里，既不存在时间的开端，也不存在时间的终结。时间维度的思考被融到子宫－世界（womb-world）的思考中，这种思考模式并不涉及永恒是否存在的问题。

从这种观点看，永恒并不是一段漫长的时间，而是另一种维度。时间维度的思考使我们无法看到永恒的维度。没有什么世界突然被创造的说法，毋宁说，只存在一个持续不断的创造过程。每时每刻，生命的能量都在注入每一个生命的细胞，注入房屋的每一块木板和砖头，注入每一粒沙尘和每一缕清风。这能量就是宇宙之声“唵”，那“非由两物相撞发出的声音”。

人们觉得整个宇宙都是有生命的，或者说，整个宇宙就是一个繁殖的瞬间，这这正是卡莉形象传达的神奇奥秘。不过，宇宙有时也会表现为一对男女神灵相拥的形象。这就是湿婆－萨克蒂的形象，即湿婆神与他的萨克蒂配偶的形象。"萨克蒂"这一绝妙的词语拥有两种含义：首先，它被用来指称与男性相对的女性。这种情况下，它指的是男人的妻子，男人的配偶就是他的萨克蒂。

该词的第二个，也是更基本的含义，是指能量。或许可以这么说，男性是一种喜欢独处的安静的动物。后来，一缕神秘的芬芳飘过，打破了男人的平静。正如詹姆斯·乔伊斯在《芬尼根的守灵夜》中所说："她对他喃喃低语，如此如此。"他心想：啊，再来一次就好了。由此，我们便有了一个新世界，有了另一个世界。男人的平静被打破，开始变得活跃。

这与西方人通常的观念截然相反，也与中国人的看法大相径庭。在中国人看来，女性代表面具原则（mask principle），是被动的客体，男性则是占据主动的主体。而在印度，人们认为男性是被动的客体，女性是活化剂。罗摩克里希那将男性原则喻为波澜不兴的水，将女性原则喻为涟漪荡漾的水。《圣经》第一章也有类似的意象：

> 起初，神创造天地。
>
> 地是空虚混沌，渊面黑暗；神的灵运行在水面上。
>
> 神说："要有光。"就有了光。[16]

水的活化标志着创造世界活动的开启。伴随着池水的涌动，我们看到各种光线来回变幻不定，形成池面上的涟漪。那些光线就是我们自己，我们把这光线当作值得保有之物："我在这儿呢；哦，亲爱的，我又要走了。"

东方的圣典却告诉我们："不要把你等同于那些闪闪烁烁的微光，而要把你自己看作光源。那些你视作自己的微光，不过是光源的反射。"

如前所述，女神可能会被描绘成圣母一类母亲的形象；此外，她也可能被表现为一种异常恐怖、骇人的形象，而这是更为常见的情形。这就是卡莉，黑色的时间，吞噬者的形象。她以无畏的姿态站立，猩红而骇人的长舌垂至腰际，似乎时刻准备着舔舐自己造物的鲜血。她既是众生的化育者，又是万物的吞噬者。她右侧的一只手会做出“别担心，不会有什么事”的手势。右侧的另一只手则可能摆出赐福的手势或拿着一只盛满乳糜的小碗。在这种情况下，她就是安娜普尔纳（Annapūrnā），是丰饶之角（cornucopia）①—— 不断赐予众生丰盛的食物。再看她的两只左手：其中一只持着死亡之剑，另一只拎着一颗刚刚斩下的头颅。事实上，绝大多数的重要祭品，如牲畜和人类的头颅，都是献给她的。这种祭祀背后的理念：只要将斩断的头颅立即供于她的祭坛，汩汩鲜血便可如甘露一般迅速流回她的体内。她神殿里的一道凹槽就是用于输送牲血，以使之流回她的体内。她总是佩戴着一串骷髅项链，她的褶裙由砍下的各种断肢织就。而我们还要尊她为“我们的慈母”。

在西方，我们往往把良善之神塑造得慈眉善目，把恶神刻画成凶神恶煞的样子。而东方塑像比较突出的一点，是它们能够栩栩如生地将善恶融聚于同一形象之上。斯特拉斯堡（Gottfried von Strassburg）的杰作《特里斯坦》（*Tristan*）中有这样一句台词：“他们跟我说，有些人只寻找快乐与宁静。就让上帝赐予他们宁静吧。至于我，我要去追寻痛苦与甜蜜并存的生活。”[17]

这就是我们在神奇的印度塑像中看到的东西。对于有经验的人来说，这些用以表现生活双重面相的雕塑有巨大的说服力，那是一种我们不得不接受的力量。作为卡莉女神的配偶，湿婆很可能是如今仍在受到膜拜的最古老的神祇。他是林伽之主，是生殖神的象征。在晚近的一些塑像中，他表现为两种形相。我们的母亲卡莉女神坐在他身上，在她身下的他呈现出两种形态：一种是背朝她，另一种是面朝她。当他面朝女神时，眼睛是睁开的，他是真正的湿婆；当他背朝女神时，眼睛是闭着的，这是我们的朋友萨瓦（Śava），即湿婆和萨克蒂的结合体。

---

① 安娜普尔纳是印度教中丰饶女神的名字；丰饶之角是罗马神话中花神和命运女神的标志，象征凡人得到的无穷尽的施舍。——编者注

湿婆的两种形相分别代表两类瑜伽。一类瑜伽否定世界，主张弃世绝尘，这就是《奥义书》所说的火之道，它引领我们升往太阳之门进入永恒。另一类瑜伽则肯定世界，秉持永恒复归的父性原则，使世界变得富饶，不停地复归、复归、复归。这是所谓的烟之道，引领我们通往月亮，一次又一次地死而复生。

我们需要记住，有两种意象可以表达永恒的生命。一种是永恒复归的意象，另一种是彻底打破时间循环的通道意象。要么是烟之道，要么是火之道。林伽相的湿婆代表永恒复归的原则，即不断地创造世界、维系世界、繁衍世界的原则。

湿婆还有另一重相，那就是瑜伽行者相。在该形相中，湿婆是瑜伽之主。我们曾在摩亨佐·达罗出土的印章上见过他——湿婆浑身是灰，蓬乱的头发垂在肮脏的锁链间，上万年间，他从未沐浴过。他佩戴着一串由蛇编织而成的花环，这些蛇正探进一个骷髅里喝水。他手握三叉戟，正聚精会神地修炼瑜伽，准备弃绝尘世。他代表摩耶幻象的毁灭者倾向。在印度你总能遇见这类伙计，他们拿着湿婆的三叉戟，蓬头垢面，头发又长又脏。简直令人难以置信。

相比之下，毗湿奴有着更为可亲的形相。

毗湿奴是一位更具性爱色彩、肯定世界的神祇。只要世间有难，他就满怀仁爱化身降临尘世。他的化身很多，其中最为人熟知的是罗摩（Rāma）和克里希那。在印度人看来，基督或许也是毗湿奴的化身之一。若是哪位基督教传教士到一个印度村庄宣扬道成肉身的教义，说上帝出于爱以人的形象来到世间，当地人大概会说："这有什么稀奇的？"

在爱的五个阶段中，性爱的知识与毗湿奴有关。

他通常被描绘成斜卧在一条大蛇之上的人的形象。这条漂浮于宇宙大海之上的大蛇名叫阿南塔，意为无限，它的七个眼镜蛇头犹如一把巨伞罩在毗湿奴头顶。宇宙大海滋生了万物，是世界能量的象征，它就是我们在《圣经》开篇读到的大海。水、蛇和神三种形象分别对应元素、动物和人三种形态。它们共同象征着创造万物的黑暗始源。我们可以把这个始源想象成池塘的底部，有一朵莲花从池塘中缓缓升起，在水面上绽放。毗湿奴便是这样一种形象。毗湿奴在做梦，一个关于世界的梦。他正梦见自己的摩耶世界，这个世界以莲花的形态从他的肚脐中浮现。梦醒之后，摩耶世界就褪去了，只有在下一次梦开始的时候才会重现。正是借助这一形象，克里希那让因陀罗变得谦卑。

图 2-4 毗湿奴、梵天和吉祥天女

这朵莲花以象征的形式表明，宇宙本身是神的赐予。

“莲花”（padmā ）这个词也是毗湿奴的萨克蒂（配偶）的名字。这位女神还有一个名字叫吉祥天女（Lakṣmī）。显然，莲花女神原本就是指那朵莲花。她就是世界本身，她的子宫就是含纳着世界的莲花。有意思的是，由于后来印度传统中父权的崛起，吉祥天女被逐出了莲花。在今天的有关图像中，你只能看到她作为印度人心目中的贤妻形象，正在为熟睡的丈夫按摩双脚。不过其中隐藏了一个小秘密：恰恰是吉祥天女的按摩激发了毗湿奴的梦。她仍然是毗湿奴的萨克蒂。毗湿奴梦见了什么？梦见了她。

莲花上原本由吉祥天女占据的位置上如今换成了一位男性神梵天。这是一位后来才出现的神祇。他端坐于莲花之上，四张脸分别注视着四个方位，想来是在创造世界。

梵天是梵的意识的人格化。他是一个神，是永恒原则的人格化。如果说我们每个人都是象征，那么他其实也是一个象征。所有的神灵和造物都是一种次级化现。梵天彰显的是梵作为创造者的形相，他投射出世界，亦即摩耶。毗湿奴与湿婆只是梵的另外两种形相。梵的每一种人格化都代表着真实、纯粹之光的不同变形。

这就是我们在印度宗教艺术中最常见到的三位神祇。梵天是创造者，他代表光明与光辉，高居于摩耶表象上的光明世界。毗湿奴是宇宙之梦的入梦者。当然，正如人梦中的每个形象其实都是人自身的一个形相或组成部分，作为毗湿奴梦中的形象，我们也是毗湿奴的各种形相或组成部分。我们所有人都与毗湿奴同一。瑜伽的目的就是要使人认识到自身与毗湿奴之间的同一性。因此，湿婆既可以呈现为与女神萨克蒂相关的林伽相，也可以是瑜伽行者相。在后文我们还会发现湿婆的其他形相，如舞神湿婆（Śiva Natarāja），即跳着宇宙之舞的舞者。

梵天、毗湿奴和湿婆这三位神灵组合到一起就构成了三相神（trimūrti），即一位同时拥有三种形相的神或三神一体：梵天司创造，毗湿奴主维系，湿婆行毁灭。但实际上，湿婆也有创造的一面，因为他能将我们与原初的创造之源重新融合到一起。而梵天和毗湿奴也有毁灭的一面，因为他们将我们困在摩耶（幻象）的世界中。

三相神这种二次分工现象经常出现在神话系统中。当来自两个不同等级、有着不同出身的神明被整合进一个体系时，他们就像来自新近合并的两家银行的雇员一样，被委以不同职责。由此，就有了众神的二次分工。

这种现象在古典传统中比比皆是。譬如，波塞冬和宙斯最初都是主神，宙斯是希腊阿卡狄亚人的主神，而波塞冬是克里特人和爱琴海周边民族的主神。当这两个传统融合之后，两个神就被赋予了不同职事。

这些形象存在了多长时间？它们是不是印度土生土长的形象？这是一个复杂而有趣的问题。如前所述，印度地区已知的最早文化与印度河流域的达罗毗荼文化存在密切关系，而达罗毗荼文化的存在时间在公元前 2500 年至公元前 1500 年。这一时期相当于西部的古代阿卡德文明、苏美尔文明和美索不达米亚城邦文明时期，也就是萨尔贡一世（Sargon I）和汉谟拉比当政时期。此时，埃及正处于古王国时期之末、中王国时期之初。

最有意思的是，这一时期的克里特正处于伟大的王宫时期。作为湿婆象征的三叉戟、公牛和林伽，恰恰也是波塞冬的象征。波塞冬又是古代克里特岛理所当然的主神。看来，克里特和印度无疑都受到了近东地区某个更为古老、文明程度更高的区域文化的影响。根据考古记录，伊朗、叙利亚和土耳其等地的历史还要往公元前 2500 年之前推数千年。有证据表明，在安纳托利亚半岛的加泰土丘识别出来的文明可追溯到公元前 8000 年，比摩亨佐 · 达罗和哈拉帕至少早了 5000 年。这几乎与整个印度文明存在的时间一样长。这些神祇至今仍在印度受到崇拜，其内涵在辉煌的印度哲学中获得发展，深深扎根于当地。印度继承并发展了诗性意象及世界秩序上的灵感，这种灵感可追溯至第一批伟大的高位文化。

那么，三相神的形象蕴含了怎样的世界观呢？我们从中看到一种非人格化的力量——梵，它推动着世界走过了一个又一个漫长的宇宙周期：世界就像那朵从毗湿奴体内长出、又重新回去的莲花，这朵莲花在漫长的宇宙周期中来来往往，有如昙花一现。宇宙也是这般来来往往。

赫西俄德（Hesiod）[①]记述了一个非常重要的世界形象，世界被划分为四个时代：黄金时代、白银时代、青铜时代及黑铁时代。在印度，该形象分别为第四时代、第三时代、第二时代及第一时代。在第四时代，美惠女神（Goddess of Virtue），即原初的圣牛，以四条腿站立，这是黄金时代。那时，人类都是成双成对诞生的，不必寻找灵魂的伴侣。河里流淌的尽是美酒和乳汁，树木伴着美妙的音乐婆娑摇曳，甚至连土壤都是甘甜的、可以食用的糖。那时人们的生活十分幸福，不必思考“我该干吗”之类的问题。他们自然而然地过着合乎道德的生活。

随后是白银时代，即第三时代，此时美惠圣牛只用三条腿站立。这时的人就没有那么高尚了：他们总要为“应该怎么做”“我该干吗”之类的问题而思索片刻。尽管如此，他们仍过着合乎道德的生活。虽然他们不如前个时代的人那样高大俊美，但在今天的人看来他们仍旧宛若神灵。

接下来是第二时代，美惠圣牛只剩下两条腿站立。我们都知道牛只用两条腿是很难站稳的。因此，这个时代多出了一根支柱，且涌现了很多圣典和一些小型著作，用于教导人们怎样生活。这是宗教开始形成的时代。在此之前，人们并不需要宗教，因为他们能够自发正直、正确地生活。而现在，他们只能做到承认自己的错误。

最后到来的自然就是第一时代，圣牛只用一条腿站立。这就是我们今天所处的不幸时代，一个各种姓混杂、无人知晓自己的本质的时代。这个时代最糟糕的一个现象是人们不再阅读圣典，即便阅读也不再能读懂它们。这是一个急剧恶化的时代。从传统观点来看，若要找寻时代恶化的证据，只需看看我们视为进步的每一样变化就够了，譬如：完全外化的生活，机器正在接管一切。在

① 赫西俄德，古希腊诗人，约生活于公元前8世纪，他在代表作《工作与时日》（*Works and Days*）中将人类世纪分为五个时代，即黄金时代、白银时代、青铜时代、英雄时代、黑铁时代。此处疑原文有误。——编者注

古印度传统看来，西方人视为进步明证的每一样事物，其实都是走向衰退的证明。就此而言，世界越来越糟糕了。

当世界退化成一堆有如面糊般无法区分的虚无，再也无人知晓或遵循正法之时，毗湿奴就会收回自己的梦，莲花渐渐枯萎，一切都将消失。随后，经过一段时期的蛰伏，莲花将再次闪耀登场。朋友们，我们对此毫无办法。这是万物之道。世界上无所谓什么创新。你所做的事此前已被人做过上百万次，因为一切都是永恒重现的。个体的一切努力均属徒劳，人的真正职责是遵循社会传达给他的宇宙法则。若非如此，他就只能沦为虚无，走向瓦解。

在古典时期的印度社会，四大种姓被比作人体的四肢。婆罗门种姓是头颅，刹帝利种姓（统治阶层）是臂膀，吠舍种姓（商人）是躯干，从事体力劳动的首陀罗种姓是双腿。如果双脚说“我要变成头”，或者头颅说“我要变成心”，整个身体会怎样？若身体出现这种情况，我们会怎么说？我们会说身体患了癌。同样，站在这一角度，我们可以把民主制度称为癌。

不过，在极为罕见的情形下，种姓的区分有可能被超越；而一旦超越了种姓，也就会超越某些崇拜形式。在这些情形中，人们就彻底超越了摩耶的国度，使自己与超越的力量——梵走向合一。

克里希那向阿周那示现自己作为世界吞噬者本相的故事意蕴颇丰。其中最重要的一点：我们都是卡拉，所有的生命与死亡都内在于我们。认识到这一点后，我们应当如何行动？克里希那给出了教导：勇敢地行动，而不要担忧或期待这行动可能为自己或他人带来的后果，仅仅是依照生命的法则去行动。当人走向最终的觉悟时，所有二元对立都会被超越，被抛于脑后。世界就是我们所看到的样子，带着这个认识去行动，并将世界视为完美的莲花世界加以体验——此岸即是涅槃。我们的所有行动，不论是何种行动，皆由神的力量操控完成。

正如印度神秘主义思想经常做的那样，这个理念还可以推进一步：由情欲催生的行动，以快乐为目的的行动，也都是瑜伽。于是便有了这样一个公式：瑜伽是瑜伽，行乐也是瑜伽。整个世界都是那光辉绚烂的神秘存在的化现，只不过我们无从看到它罢了。

东方神话中的个体[18]

面具和演员

东方传统中的个体观念这个话题不太好谈，因为在我看来，至少西欧人所理解的个体观念问题并不见于东方。

荣格在他的著作中谈及人格整合的问题时，频频使用“个体化”（individuation）这一概念。为使观点更明确，他进一步指出，我们每个人都会应自己所处社会的要求，扮演特定的角色，发挥特定的社会功能。他把这些角色称为“人格面具”（personae）。personae 这个词出自拉丁文，指古罗马时期演员们佩戴的面具。[19] 我们所有人都要戴上各式各样的面具，才能在社会上发挥作用。即便是那些拒绝融入社会、反抗社会的人，也同样戴着面具，他们佩戴着上书“我在反抗”的面具。

某些角色和面具尤其令人印象深刻。比如，你遇见一个人，跟他说过几句话后，开始觉得自己与他建立起了某种关系。但假如后来你发现对方竟是某国尊贵的大使，这时，大使的面具就蒙在了那个人的脸上，些许的敬畏悄悄潜入了你俩的关系中。在你心里，那个人身上仿佛附上了一层荣格所说的玛纳人格（mana personality），即具有魔力的人格。由此，你不再是直接与他本人说话，而是与他的面具打交道。

要实现个体化，成为独立的个体，我们就必须学会区分真正的自我与我们所佩戴的面具。每一种人格面具都很复杂，它包括种种道德观念和判断体系。从本质上说，人格面具就是社会加诸我们的一整套行为范式。

我认为荣格的个体化思想完美地诠释了西方人的理想，即每个人都要不停地戴上又脱掉面具。当夜晚回到家中，你仍然是一副总统先生的架势，还是已将面具留在了办公室？若你仍戴着总统的面具，那我们要说你是个老古板。在这样一个人身上，人格已不知不觉地消失在他的社会角色的理想形象中。要是一个人时刻惦记着他的人格面具，这将是很不幸的。我们从中看到了真正意义上的海市蜃楼，这其中根本没有人。

东方人的典型理想：人应当认同自己的面具。在整个印度和东亚地区，教育的理念是要让人们相信自己接受的教导，并遵照这些教导行事，而不是对其提出质疑。对教授过东方学生的西方老师来说，这种顺从的态度必定令他困惑。但对教授西方学生的东方老师来说，他面对的挑战也同样尖锐。因为在西方，人们并不太把教授当回事，人们希望学生能够提出各种问题去质疑教授的设想。

这不单单是文化差异的问题，它还与形而上学预设的不同有关。

在《神曲・地狱篇》中，但丁[①]游历了地狱深处，在那里认出了自己的所有朋友（若我们碰巧也进了地狱，也一定能够认出自己的朋友）。在随后游历炼狱乃至天堂的过程中，他都能认出途中遇到的每一个人。他们的个体人格在

① 但丁（Dante Alighieri，1265—1321），中世纪意大利诗人，他的《神曲》采用幻游形式讲述了自己前往地狱、炼狱、天国的探访之旅。——译者注

死后也得到了保持。《奥德赛》[1]和《埃涅阿斯纪》[2]中的英雄们也有类似的经验。在西方人看来，个性是永恒不变的实体，它就是你，你只生一次，也只活一回，你就等于这一切。西方人把精神与肉身等同起来。

但在佛教、印度教或耆那教的地狱和天国中，你将认不出任何人。他们与阳世的自己已不是同一人。人们还认为，天国和地狱都不是人的最终归宿，它们都只不过是轮回（saṁsāra）之路上的停靠站。天国只是对一个人前世善业的褒奖，地狱则如同刑罚机构一样敦促灵魂改过自新，以免在下一个轮回中重蹈覆辙——用西方人的话来说，它们是都炼狱。

在此需补充一点，在欧洲传统中，不论是在古希腊的悲剧中、但丁的《神曲》里，还是在荣格有关自我的思考或乔伊斯的小说里，主人公始终是特定的个体，都是俗世中此时此地的特定存在。而在印度和东亚地区，主人公却往往是不断转世的单子，是穿越一具具肉身的实体；他们不断从一个化身转入另一个化身，犹如披上又褪去衣裳。东方传统中的一个常见主题：你不是这具肉身，你不是某个特定的自我，你得将自己的身体仅仅看作一副皮囊，虽然你现在还披着它，但早晚要再次扔掉它。欧洲人的个体观念与印度及远东地区的个体观念（假如存在的话）之间的根本差异在于，在后者那里，轮回法则使得俗世中此时此刻的你变得无足轻重。自我的概念在被放大的同时也被取消了，个体的自我并不认同此时此地的特定俗世现象，而是认同轮回转世的法则。

当然了，在"单子最终会变成什么"这个问题上，每种信仰的观点是不一样的。我们会化身成什么呢？

轮回观念是东方宗教中最引人注目，也是最为奇妙的一点。亿万时光来而复往，大千世界生而又灭。这是近东地区一种极其古老的思想。众所周知，西

---

① 《奥德赛》，古希腊重要史诗，其主人公奥德修斯曾进入冥府，请求先知的灵魂预告自己的归程。——译者注

② 《埃涅阿斯纪》，古罗马诗人维吉尔创作的史诗。埃涅阿斯是特洛伊英雄，曾深入冥界会见父亲安奇塞斯的亡灵。——译者注

方文明和东方文明都发源于近东。农业群体和畜牧业群体最早兴起于巴勒斯坦、叙利亚、波斯和伊拉克等广阔区域。畜牧业和农业社会从这些地方传播开来，成为后世文明的基础。我在前文说过，约于公元前3500年，祭司们观测到五颗可见行星及太阳和月亮的运动，认为其运行轨迹是可以通过数学测算出来的。他们由此形成了一种观念：数学法则支配着整个宇宙，支配着永恒循环的法则。我们通过数学演算得出一个亿万年的时间，在经过一段特定的漫长时间后，整个世界走向解体，而后再次诞生，再次解体。

古希腊的赫西俄德以另一种形式阐述了上述观念。他把世界划分为黄金、白银、青铜、黑铁四大时代，四个时代来而又往，循环不已。中世纪日耳曼民族的史诗《埃达》(*Eddas*)也认为，世界是一个诞生和毁灭的过程。

东方则有圣牛美惠女神的意象。在过去三个时代中，圣牛分别用四条腿、三条腿、两条腿站立。如今，在我们生活的堕落时代，它正勉力以单腿支撑着世界。

在整个印度和远东地区，人们也是这么认为的。既然世界本就如此，既然人已被投入永恒的循环中，那么你我都无法改变这样的境遇，我们都只能随波逐流。个体的创新无济于事，完全没有价值。毋宁说，个体的创新只不过是对这出宇宙大戏的搅扰。太阳升降如期，月亮盈亏有时，草木荣枯不已。同样，人不得不承受宇宙的生死轮回。

在印度，这种思想被称为"正法"。所谓正法，就是人要根据自己的出身履行相应的责任，追求相应的德行。正法随种姓而变，也就是说，每一社会阶层均有其自身的严格规范，人应当遵循自己出身阶层的规范来生活。人们认为，作为上辈子的果报，人注定要投生于某个存在等级——婆罗门、刹帝利、吠舍、首陀罗、蚂蚁、神。就此而言，道德体系，也即由你所属的社会群体赋予你的人格面具，它完全契合于你的身份，否则你不会投生于该等级。

因此，完全不需要什么神预先对你审判一通，然后才把你放到现在所处的位置。仿佛受到特别的引力支配一样，一切都是自然发生的。人的灵魂的灵性重量决定了其将要投生的社会阶层，人的职责就只是依循教导行事，充分地体现该社会阶层的理想。《摩奴法典》（*Laws of Manu*）和《毗湿奴法论》（*Institutes of Viṣṇu*）这两份古老的经典文献，事无巨细地规定了人应当如何行事，比如，衣服的袖子该有多长，早上可以打几个喷嚏，等等。生活中的所有细枝末节它都有描述和规定，绝无遗漏。人不可思考“我现在想做什么？”“我要成为什么样的人？”之类的问题，因为这是不允许的。哪怕是最微不足道的逾矩行为，也要受到严酷的惩罚。社会对这一点极为重视。譬如，唯有婆罗门种姓的成员才有资格聆听《吠陀经》，倘若哪个首陀罗无意间听到了只言片语，他的双耳将会被灌入滚烫的铅水。可以想见，这样的惩罚无异于把单子发配到另一个飞速旋转的化身之轮上。

在远东地区，中国人和日本人奉行“道”的思想。虽然他们对宇宙秩序的理解不同于印度人，但二者在本质上是一致的。要言之，宇宙拥有特定的节律和秩序，这种秩序也内在于人的天性中。因此，生活的真正目的就是要与“道”相谐，从而保持人天然的自发性。这是一种高贵而奇妙的理想，也是一种无私的理想。在这些社会中，自我的观念被认为是十分恶劣和消极的，实际上这些社会也没有为自我的发展提供任何机会。

关于人类生活的目的，印度哲学做出了非常著名的分类。在印度哲学看来，生活目的分为四种，其中三种是俗世中人所要追求的，还有一种是那些远离俗世、遁入森林的人所要追求的。俗世中人追求的三个目的：①正法，即美德或责任，人要遵守所属种姓的各种法律；②利益，即成功或进取；③欲乐，即感官的快乐或愉悦。后两个目标是弗洛伊德所说的本我的自然驱力，简单说就是纯生物性的精神能量：权力原则和快乐原则。在印度人的思想图式中，利益和欲乐这两种自我驱力的满足，应当被限定在正法的范围之内。正法相当于弗洛伊德所说的超我。换句话说，“我要”往往服从于“你应当”。二者之间缺乏“自我”这第三种力量的调解。我把本我的“我要”与超我的“你应当”称作婴儿式的动机。在印度人的思想中，西方人所说的个体没有任何发展机会，也没有对弗洛伊德所说的自我发展给予任何考量。自我原则是本我的潜意识欲望与正法的超我社会要求之间的衔接者。但在印度思想看来，“我要”中的这个“我”（I）受到本我原则的污染，完全认同于本我原则。在东方世界，“我”就等同于“我要”。

正如荣格和弗洛伊德所阐述的那样，在西方人看来，本我与自我是有区别的。自我联结着人（此时此地的特定个体，一系列的潜意识欲望和需求）和此时此地的特定情境（由社会与周遭现象构成的宇宙）。人通常不会按照陈规俗套来想问题，也不会认为自己所处的情境是某个旧有情境的重现，而认为它是一个全新的、独一无二的情境，并要求人做出快速的、独一无二的应对。

此外，一旦设定了一个自我，人就要对自己的行为负责。这种自我负责的观念也是东方人所没有的。在东方世界，个人的行为就和士兵的行为一样，士兵在执行命令的过程中，无须为任何行动承担个人责任，他之所以实施行动，是因为要执行命令，而他恰巧又是一名好士兵。与此相似，若人依循正法行事，遵照吩咐完成分内之事，责任就根本不会落到个人头上，他不必为任何事情承担责任。

根据印度教的教义，人生的第四个目的是摆脱世俗社会，进入森林，抵达彼岸，以获得解脱。这一点，我们留待后文讨论。

西方人最基本的原则源自新教的理念，即个体要经由他 / 她自己良知的过滤，来确定上帝启示的性质。它与意志自由、良知自由、抉择自由、承担个人责任等理念息息相关，而这些理念都是东方文化所没有的。

永恒的代理

我们重新区分一下两种“东方”概念：一种是我们过去所认为的东方，即作为《圣经》传统发源地的近东地区；另一种是印度和远东等其他东方地区。我在前文提到一个宏大的、包含无数世代的数学周期，它体现为一个意象，一个被用来描绘宇宙走向终结、而后复归的神话意象，即大洪水的意象。世界重新沉入太初之水、原始深渊，继而重现，重新获得形式；而后又沉没，又重现。据数学测算，这是必将发生的。

在公元前2500年左右（正是印度河流域开始有人定居的时代），美索不达米亚地区的苏美尔文献中出现了一个新版的洪水神话。在这个神话中，天神降下大洪水是为了惩罚人类的罪恶。这是一场性质完全不同的洪水。在这里再也看不到自然的、非人格化的力量，只有针对罪人的惩罚。这一改动有着丰富的意蕴。首先，早期洪水神话所具有的奇迹感、震撼感和辉煌感都不见了。毫无疑问，早期洪水神话讲述的是洪水灭世、世界复归的古老循环，这是一个宏伟、瑰丽而神奇的事件，是宇宙存在的发展过程，人类只是这个过程中的一小部分。近东地区的洪水神话则通过挪亚方舟的故事传给了西方，它讲述了是人类如何与一位拥有自由意志的人格化神明建立关系。

在印度及远东地区，神明是永恒循环进程的代理者。在绝大多数情况下，他们似乎充当了管理者的角色，实行一些注定要发生的行动，就像雄鸡报晓催促太阳东升，他们的职责就是确保宇宙循环的必然进程正常运行。

要是神明亲自制定法则、降下洪水，那游戏规则就大不相同了。大约在这一时期，伊朗以西地区对世界的认识发生了巨大的转变。人们不再仅仅将神与人看作宇宙总体的一部分，神与人发生分离且相互对峙，神审判人、影响着人。此外，上帝似乎退居到了宇宙法则的背后，不再走到前台。

如前所述，在更古老而宏大的、由数学法则支配的宇宙体系中，诸神只是统管万物的伟大自然法则的代行者。但是，如果有这么一个神，他能够决定自然法则的具体条款，他说怎样就是怎样，这就是对神之个性的强调了。这种现象在美索不达米亚东部地区并未出现。

在这一点上，近东地区十分接近西方个人主义。不过，二者之间还是存在一个重大区别。黎凡特地区始终强调人的顺从，其背后的理念是，神已经传下启示，它就包含在一部圣书的陈述中。这一理念同样适用于琐罗亚斯德教、犹太教、基督教、伊斯兰教等发源于《圣经》传统的近东宗教。这些宗教都拥有一部圣典，拥有启示的真理，并且都不容置疑。圣典所说的内容明明白白，任何对它表示怀疑的人都会被视为恶人、偏离真理之人、放逐者和异教徒，整个种族、整个世界都可以唾弃他。

实际上，近东地区的常见模式是先有神的话语，这些话语再经由一个真正的传统传给民众。这些地区的典范性英雄既不是个体，也不是不断转世的单子，而是部落，或者像后来的基督教和伊斯兰教等宗教主张的那样，是传播真理的教会。可以说，个体只是教会有机体的一个器官。在基督的有机体教会中，每一个基督徒是与其他所有基督徒融为一体的。亚伯拉罕的选民从希伯来神话中孕育而出，他们将在末日被宣布为义人。在伊斯兰教中，这种关系是通过安拉的话语《古兰经》来确立的。

在上述情形中，个体与神的关系都要通过某个社团来确立，它不是一种私人关系。犹太人的礼拜仪式需要十人出席才能举行，这就是犹太祈祷班秉持的理念。同样，在天主教教会看来，唯有领受了圣餐人才能获得拯救，而绝大多数圣餐礼需要由一位神父来主持。

这背后隐含了这样的理念：先是发生了人类的堕落，而后才有了通过社团与神重建联系的过程。个体就像一名步兵一样加入其中。

有意思的是，这个源自黎凡特地区的观念在欧洲与西方人的个体观念产生了冲突。在早期的基督教社团中就能发现此类冲突，以及为弥合这类冲突所做的尝试。在基督教的二次审判（即个人审判与最后审判）中也可以看到这种弥合的努力。每个人死后都要接受审判，这是个人的问题；此外，还有世界末日的最终审判，届时每个人都要重新归来接受庄严的二次审判。只有到了那个时候，世界才真正走向终结，两个传统才真正地融合。

欧洲的个人主义传统特别突出。这种传统可以追溯到古希腊人，也见于后来北欧地区的凯尔特人和日耳曼人的异教传统。在中世纪，该传统遇上了社团选民以及社团之外无拯救的理念。以色列首任总理大卫·本－古里安（David Ben-Gurion）撰写的《以色列国独立宣言》便是源于这一传统："一个犹太人，若不能住在以色列，便是住在罪中。"同样，教宗卜尼法斯八世（Pope Boniface VIII）也在一份教宗训谕中声明："教会之外无救恩！"（Extra ecclesiam nula salus）这种古老的传统观念完全出自近东，在它看来，那些不在神圣疆域之内居住或祈祷的人，无法获得神的照拂。由此形成了这样的观念：社团才是英雄，才是上帝的选民。

在更远一点儿的东方地区，大英雄既不是个体也不是民众。毋宁说，它是个体的灵魂，即不断转世的单子。《因陀罗的谦卑》的故事充分阐明了这一点：

因陀罗是众神之王。他遵循自己的正法去追求成功，曾击败强大的妖魔弗栗多。此后，他沉溺于欲乐，命人建造奢华的宫殿，用于享乐。

后来，毗湿奴和湿婆来访。在开悟的瞬间，因陀罗的所有德行、功名和快乐都化作灰烬。于是，因陀罗决定彻底放弃这一切，投入新的追求中去。

前文说到东方文化的前三种人生目的即美德、快乐、成功，与第四种人生目的解脱之间存在着强烈的冲突。因陀罗为追求终极目的，放弃了全部俗世欲念，彻底摆脱它们，任其灰飞烟灭。这绝非荣格所说的个体化。这种解脱要求摒除一切，甚至摒除自我，它要求摒除对快乐、成功的渴望，甚至也要摒除对美德的追求。

当因陀罗美丽的王后因陀罗尼发现自己的丈夫（也可以说是她的主神）准备离家前往森林时，她意识到自己也应当追求正法。因陀罗尚未完成自己的职责，世界仍旧需要君王，而她也需要丈夫。于是，她让祷主神毕利诃斯波底到森林边上把丈夫唤了回来。

在我看来，这个故事中蕴藏了东方思想的全部可能性。在其中，你可以看到个体灵魂转世这一思想的力量，看到无我思想的力量，看到人在其中宛如沧海一粟的永恒运行的浩瀚宇宙的力量。这个故事还为人类指出了两条道路：弃绝尘世之路与重返尘世之路。

重生瑜伽的意象[20]

通往太阳之门的旅行

当一种传统（如西方传统）无法继续传递内在的启示，其神话体系也无法继续充分发挥功能时，可怕的事情就要发生了。这个社会的神话结构将不再能为个体的精神成长提供支持。在讨论精神病时，我曾举过精神分裂症的例子。可以说，精神分裂症患者有如溺水之人，淹没在本能意象的汪洋之中。

我们不妨设想一个奇迹：有那么一个人，他知道如何在意象的汪洋中凫水，能够穿越这片暗夜之海，抵达彼岸，从海洋中获得重生。

在讨论重生的问题时，我们要记住，重生的模式主要有两种。第一种是在时间中获得重生的奇迹，以死而复生的月亮为象征。月亮能够褪除阴影，就像蛇会蜕皮一样，蛇也是同一种生命原则的象征。月牙的尖角往往与公牛的双角密切相关。由此，在传统神话体系中，公牛与死亡和再生的象征都有关联。献祭公牛，其实就是以象征的形式献出人身上有关死亡的部分，以此换得解脱，进入永恒。

重生的第二种模式是彻底摆脱尘世不再返回。它所追求的不是在尘世中重生，而是要彻底越过重生抵达超越之光。代表这种重生模式的典型意象是太阳。月亮自身还携带着黑暗，而太阳散发着光芒，它运行到哪里，哪里的黑暗就会被驱逐；只有那些不向太阳敞开的事物才会形成阴影。因而，太阳之门的意象代表另一种重生的机会：一个曾经迷失在阴影与时间的国度里的人，如今要回归永恒的始源，回归属于他自己的伟大始源。

如果说月亮的象征动物是公牛，那么太阳的象征动物就是有着宽阔而熠熠发光的太阳般面庞的狮子。太阳冉冉东升，熄灭月亮和星星，狮子的吼叫令食草动物四处逃窜。狮子扑食公牛是原始艺术和古代艺术（尤其是在中东和波斯地区）的母题之一，它象征着太阳每日升起，盖过月亮。蛇的天敌是太阳神鸟——鹰。于是，我们就有了如下两两相对的组合：鹰对蛇，狮子对公牛，太阳对月亮。

在关于植物一年一度重生、永恒复归的远古神话中，存在一些重要的神祇，如塔木兹（Tammuz）、阿多尼斯（Adonis）及奥西里斯（Osiris），他们都与公牛有着密切的关联。

但说到一些代表超越一切轮回的形象（如佛陀）时，我们就会遇到狮子的意象。若是留意观看印度艺术中的佛陀宝座，定会发现它呈狮子状。佛陀的言教则被称为狮子吼。下面我想讲讲怎样像狮子那样吼叫。

《瑜伽经》的首句格言：“修行瑜伽就是有意识地抑止心的自发性活动。”我们之所以能在尘世（即摩耶的层面）看见彼此，是因为我们的心灵实体中存在一个回声，它本就具有我们所见所闻的各种事物的形式。只要人迅速地转动眼睛，就能感受到眼睛这个实体正在变换形式。当我们的心处于活动状态，如同池水泛起涟漪时，我们就只能看到一些破碎的形象。但一待风停下来，水中杂质尽皆沉淀，人就能清晰地看到池水映射出来的种种形态，而在先前的经验中，这些形态完全是支离破碎的。我们修行瑜伽使心灵处于平静状态时，也是这样：我们曾认为自我的所有破碎映像，都会重新汇聚成完整的形象，我们只是该完整形象支离破碎的映像而已。这时，我们不但能看到倒映于水中的蓝天，还能望入清澈的池底，看见我们自身存在的深渊；我们所看到的形象乃是诸形式之形式，在我们每个人的内心深处这一形式都是支离破碎的。

目睹过真实自我的人往往不愿重新面对现实中的破碎形态，而希望驻留于确定不变的冥想之中。据这些人事后说，他们感到自己仿佛昏睡了过去，这时他们重新与真实的自我走向合一。我们平日所说的自我、误以为真实的自己，其实只是真实自我的破碎映像。发现真实的自我，也就恢复了我们与自身存在的统一。

“唵”音代表了上述统一性的真正价值。大家应该还记得，aum 的首音 a 与醒觉意识相关。人一生的大部分时间都处于醒觉状态。在意识保持清醒的情况下，我们所看到的事物与我们自己似乎是分离的，即主体与客体的彼此分离。这个层面受亚里士多德逻辑学的支配：a 不是 b。u 与梦境意识有关。当我们转入梦境意识的层面时，所有的逻辑规则都会发生转变。此时，虽然你觉得自己正在凝视的形象并不是你自己，但实际上那就是自己，说到底梦就是你自身意志和能量的化现——你创造了梦，却对它啧啧称奇。因此，梦中的二元性是一种假象。在梦中，主体与客体尽管表面上彼此分离，但实际是同一的。

诸神与魔鬼所在的天堂、炼狱及地狱，都属梦的领域。从这个角度看，神话就是关于世界的梦。若我们把诸神看作客观实在，那么诸神就是我们梦中的对应物；梦与神话有着相同的逻辑，这一点非常重要。在现代心理学中，不论是在弗洛伊德和荣格的开拓性著作中，还是在埃里希·弗洛姆等当代作家的著述中，我们都能看到这种观点。既然梦中的主体与客体看似分离实则同一，那么在神话（也可以说宗教）中，那些看似外在于人的神就与人并无分别。人与神是同一的。这样，我们就得出了一个非常有趣的认识：天国与神灵全都内在于人，在梦的层面与人的意识合一。

aum的最末一个音是m，它把我们带入了深度的无梦的睡眠之中。此时，意识被无明（即黑暗）覆盖。随后我们的意识会从该领域重现，虽然我们意识不到这点，但这并不意味着意识不存在。只不过这时的意识并没有具体、明确的对象，因为梦中的事物都处于未分化的状态。故此，这种意识被称为"无分化"意识。

各种瑜伽的目的就是要使人在保持清醒的同时进入无分化意识的领域，在西方语言中，没有相应的词语对应这一概念，就是在印度，它也没有一个名称，而只是被称为第四种状态，也就是"唵"音的第四个字母——静默的层面。西方的全部词汇所能指涉的，要么是清醒状态或梦中的意象和逻辑，要么就是无明。西方没有相应的词汇来指称这种状态，它是终极的静默，但它恰恰又是我们之所是。

与西方宗教相比，东方宗教的总体目标是要让人获得一种内在经验，与并非虚空的虚空走向合一，也即佛教徒所说的"涅槃"。这是一种莫可名状的经验。事实上，真正的存在和万物的奥秘都是无法命名、无法描摹的。就此而言，凡冒充终极神圣者之名或形象者，均为虚假，均是偶像而已。东方宗教的目的就是要帮助人们认识到，超越所有定义的存在才是人自身的真正存在。

任何事物都可以被置于其所属的奥秘维度下加以审视。你可以给任何事物佩上光环，不把它放在特定的关联中加以审视，不将其看成是由特定实体构成、具有某种实用目的的事物，而仅仅将其置于存在的奥秘下加以审视。本书所说的"存在的奥秘"，指的是宇宙存在的奥秘。这样，任意一根木头或一块石头都可以成为我们思索奥秘、进入冥想的基础。东方宗教的目的就是让人认识到，人类与那些作为经验而出现的事物是一样的。

相比之下，西方宗教的目的就不在于让信徒体验到自己与终极神圣的同一性，事实上，这种经验在西方宗教中是典型的异端。西方宗教旨在建构人与神的关系，而不是神之于神的关系，而人要建构与神的关系，就必须加入一些被认为是神所拣选的社团或已建立的教会。在基督教传统中，基督既是真正的神，又是真正的人；我们作为人与他建立关联，他则借此带我们与圣父建立关系。

而在东方，每个人都既是真正的神又是真正的人，宗教的总体目的是让人认识到自己内在的神性。因此，东方宗教的目的与西方宗教的构想极为不同。从东方宗教来说，只要一个人听到神的声音，就是听到了内在于万物、无处不在的神性声音，他定会为此着迷。这种经验经常出现在东方艺术中。东方艺术就是要借助冥想物以表现神性的声音与光辉，唤起人们对内在于万物的超越存在的感知。

在昆达里尼瑜伽中，这种领悟对应双目之间的眉心轮。在此境界，灵魂可以看见能量完全绽放的至福景象，也就是水面平静如镜时所呈现的景象，即诸形式之形式。

在印度，表示“诸形式之形式”的词语是“自在天”（īśvara，即“主”），每个神都可被看作自在天的化身。人内心默想为天帝的形象，就是人将要去体验的形象，不论他呈现为耶和华、湿婆、毗湿奴、大母神，还是基督、三位一体或至高无上的佛陀形象，随便哪个神都行。注视着神的正是经历过无数生死轮回的个体灵魂，也就是人自身存在的灵魂。在这里，主体看到了自己中意的客体。在这个层面，第二轮的欲乐原则终于找到了自己的目标：真正的爱人，令我们的灵魂心驰神往的爱人——神。任何人只要还没有体验过这点，就不能说真正体验过神。

罗摩克里希那在谈及这种体验时说，虽然我们还只是到了第六轮，但我们其实已身在天国。或许有人会问，既已身在天国，你还想要怎样呢？其实，个体灵魂在这一层所看到的，只是一个有着各种特征和属性的形象。它并非全部。而且，我们与这个形象仍处于分隔状态，尚未与之合一。因此，我们还要朝着最终的领悟继续精进。

在这种观念中，天国是最后也是最终的诱惑。《瑜伽经》说，当昆达里尼抵达这一层时，人就能够看到神及天国中由圣贤、圣徒等组成的神圣景观，但若就此认为"我成功了，我终于来到这里，这就是我的极乐"，他会马上掉回下一层，因为自我在这时受到了强迫。

罗摩克里希那说，这种体验犹如隔着玻璃观看一盏灯。用哈拉智的话说，这就是飞蛾的痛苦，它想靠近火焰，却只能撞在玻璃罩上。想靠近火焰，与火焰合一，烧掉自己孤立的实体，这就是神秘主义者的终极目标。于是人撤去那层玻璃，让神与自己尽皆隐去。不再有神，也不再有注视者；不再有主体，也不再有客体，人进入超越的静默国度。这就是所有东方思想的终极目标。

现在，我们要谈到一个神奇的奥秘。当我们到达眉心轮这一统御中心时，蛇的能量已蓄积到了极点，若它继续升到顶轮那位于造物之冠冕的千瓣莲，会发生什么情况？

我们该如何谈论这一无所不在却又一无所在的神奇之物呢？对于既存在又不存在的事物，你无可言说。它不是具体的事物。它是空。在下界的此岸，万物都是二元的。这道分界线就是摩耶的奥秘所在。māyā（摩耶）的词根是mā，意思是"测量、建造"，摩耶就是用于建造世界的材料。

我们说过摩耶拥有三重法力。第一重法力是掩藏力，能够遮住终极的光辉。第二重法力是投射力，能够投射出支离破碎的世界。第三重法力是揭示力，透过各种艺术形式，我们能够体验神圣的光辉。

面对同一事物，一个人可能感知它掩藏的一面也可能感知其显现的一面，全看人的感知力达到何种程度。若一个人秉承前三个脉轮的精神去研究事物，那么摩耶的掩藏力会发挥作用；但若一个人在艺术中体验到神圣的光辉，并从艺术的魅力中感受到了属于自己的真正光辉，那世间仅此一种、只出现在彻底觉悟时刻的光辉，在这一刻，人也就觉醒了，彻底开悟了。

在这些艺术形象中，前述各种主题都被转化成了神话意象。位于上层的终极之光往往被表现为父亲的形象，摩耶则被表现为母亲的形象。父亲的能量要通过母亲来体现。譬如，在圣父、圣母和圣子的肖像中，圣灵就代表着圣父通过圣母玛利亚传递给圣子的实际能量。

这也是印度女神卡莉所扮演的角色。她作为投射力出现时，能投射出全部的形式；作为揭示力出现时，则化身为可怕的毁灭者：她会毁灭万物的存在，使其复归始源之中。她浑身黝黑有如黑夜，只因她是虚空之母，万物从她而来，又复归于她。

这个神秘存在也可能被表现为湿婆相，特别是在湿婆化身为舞王（Naṭarāja）的情况下。在舞王相中，湿婆右上方的手拿着一个沙漏型的小鼓，滴答转动的小鼓代表时间的面纱，遮蔽着永恒之维。永恒指的不是一段漫长的时间，它与时间毫不相干。从时间维度出发的思考恰恰遮蔽了永恒之维。当人思考“我死后还会不会有生命”之类的问题时，就是在依据时间的维度来思考。这种思考方式属于月亮意识。

图 2-5　舞王湿婆

不过，要是人认识到永恒就是此时此地，认识到人有可能在此时此地体验到自身真实与存在的永恒性，人从未出生也永不会死，那么人就是在从太阳的奥秘，也即以太阳生命的方式进行思考和体验。湿婆那小小的沙漏创造了时间性的世界，创造了我们，并将我们与永恒分开。湿婆左上方的手所持的火焰代表觉悟的太阳之火，它能烧毁时间的面纱。右手司创造，左手行毁灭；一只手将人带入虚幻的世界，另一只手则引领人走向觉悟。

右下方的手做施无畏印，示意众生不用害怕。与此同时，左下方的手则做大象印或说法印，它表示在丛林中，大象去哪里，百兽就跟到哪里；名师去往何处，众徒也跟到何处。这只手在做什么？它正指着左脚。左脚抬起，代表“解脱”，右脚则踏在一个名为“无明”的小矮人的背上。右脚将我们驱入无明的世界，左脚则领我们走向解脱。不论是创造还是毁灭，都不必惧怕，因为虽然存在无明中的转世，但同时也存在解脱。

在跳舞的过程中，湿婆的头始终保持不动，是为“明点”（bindu）①，即冲破永恒之点。他的右耳佩戴男人的耳环，左耳佩戴女人的耳环，在这个区域，对立的二元开始出现。头发里有一个代表死亡的骷髅，还有一弯代表重生的新月。此外还有一尊小小的女神雕像代表恒河，她把神圣知识、神圣经验的荣光带入存在世界。

湿婆的整个身体被一个巨大的火焰光圈环绕。这位舞神弥漫在整个宇宙之中，在每一个原子和人体内的每一个细胞中舞动。人就是湿婆，这是终极的宣言：Śivo’ham，我即湿婆。

中阴闻教得度：《西藏度亡经》

上文从印度教的角度讨论了重生的象征，下面再从佛教的角度进行探讨。与我们的讨论相关的重要文献是《中阴闻教得度》（*Bardo Thödol, The Tibetan Book of the Dead*），也就是埃文思－温茨（W.Y. Evans-Wentz）和卡孜·达瓦桑珠喇嘛（Lāma Kazi Dawa-Samdup）翻译的《西藏度亡经》。[21] 该译本配有两篇很精彩的导论：一篇出自埃文思－温茨之手；另一篇的作者是约翰·伍德拉夫爵士（Sir John Woodruff），他是英文学界最重要的密宗体系阐释者之一。此外还有一篇荣格的评注。在这篇评注中，荣格指出了书中全部象征与西方心理学之间的关系。这是一部丰赡非凡的精彩之作。

《中阴闻教得度》是高度秘传的藏传金刚乘佛教②的一部作品。该书讲的是人从死去到投胎之间的四十九天内需要注意的问题。不过，它的真正目的并不是教人投胎。若是不用下到阴间投胎，那是再好不过了。

在一个人弥留之际，他的精神导师僧侣（或称喇嘛）会来到他的身边。这

① 是佛教密乘修行中的专有词汇之一。观想的光明，被称为明点。——译者注
② 又称“密宗”“密教”等，在修行方式而非在教理上有很多不许公开的秘密传授。——译者注

人即将告别醒觉意识和梦境意识的领域——除了醒觉意识，事实上人多数时候都处于梦境意识的状态，而踏上通往另一个领域的神话之旅。喇嘛会告诉这人先后要到达哪些地方。这种观念认为：人在死亡的瞬间会看见虚空中的光，但要是这时人还没准备好，就无法抓住这光。这很可怕，因为人仍想紧紧抓着自己的个性不放，而这光会将人毁灭，让人重回投胎的轮回。

因此，在这个人呼出最后一口气的瞬间，喇嘛会说："现在，光就在你面前，抓住它。我教过你怎么做的，现在就抓住它，千万不要放开。"此时人处在通往第七轮顶轮的通道中。若这时失败了，便会退回到第六轮，也就是光明、仁爱的神所在的位置。在佛教体系中，这些神被表现为五方佛（five dhyāni Buddhas）。第一尊是毗卢遮那佛（Vairocana），手执代表觉悟的雷电。接下来分别是东方佛、南方佛、西方佛和北方佛。这五尊佛以毗卢遮那佛为中心围成一个大大的圆圈。东方佛叫阿閦佛（Akśobhya），掌管雷电，代表圆满的觉悟体验。南方佛为宝生佛（Ratnasambhava），为宝石所诞，代表觉悟的美好与光明。西方佛为阿弥陀佛（Amitābha），拥有无量光明，是一位心怀仁爱与慈悲的大佛。北方佛是不空成就佛（Amoghasiddhi），代表诸业成就之佛。每尊佛都有自己的专属颜色：东方佛为蓝色，南方佛为黄色，西方佛为红色，北方佛为绿色。他们能助人从阻碍人与佛心合一的恐惧和欲望中获得解脱。

在一些简易的曼荼罗（maṇḍala，这是一个梵文词语，意为"圆圈"）上，五方佛就只用五种颜色来表示，代表毗卢遮那佛的白色位于中央，其他四种颜色环绕周围。

这些曼荼罗传达的理念：将各个局部与中央（整体）连在一起。当人冥想曼荼罗的意象时，其实是在调和人的内在。

荣格发现，描画曼荼罗有助于缓和病人的精神。每个人都有各式各样的喜好和想法，以及众多彼此冲突的心愿和理想。若把自己的某个心愿许给北方佛，而把另一个相反的心愿许给南方佛，再把其他心愿分别许给东方佛和西方佛，这样人就在一定程度上整合了自己，人的大脑会在梦中考虑各种方案，以便协调生活中各式各样的愿望。

宗教象征就是以上述方式发挥其功能的：它们是协调性的力量。神话体系的全部意义就是帮助人协调个体生活与总体生活（即社会生活和宇宙生活）的关系。

要是人还不能把自己从堕落中解脱出来，那就会来到第五轮的众佛面前，而这些佛是相当可怕的。

在来自西藏的佛教图画唐卡中，有很多凶神恶煞的怒目金刚，他们通常有很多张脸，面目狰狞地立于庞大的怪兽之上，众多手臂拿着兵器，与自己的配偶紧紧相拥——在这些画中，男性原则与女性原则往往是协同并用的。其中没有什么神的概念，也不存在任何男性专属事物，这与西方多少有些父权制偏见的传统不同。这些恐怖的神灵会粉碎我们对于自我的执念。

要是我们能放过自己，第六轮那些慈眉善目的佛本来是会放过我们的，但由于我们没有放过自己，现在就不得不面对真正可怕的力量了。不过，要知道，这些看上去凶神恶煞的佛其实与上一层那些仁慈的佛是一样的，不过是换了一副更为残酷的面相而已，因为我们在执着于自我的时候也总是很残酷。我们再次降到第五层时，又遇到了这五尊佛。在这一层，有一点十分有趣：这一层代表自我中心主义和骄傲自大的恶习。但是，骄傲自大的恶习不过是美德的反面，感官欲望的恶习不过是同情这一美德的反面，嫉妒的恶习不过是成就他人这一美德的反面。因此，只要坚持我们的恶习，我们也能获得救赎。喇嘛会说："需要谨记，这些恶习都只是你自身思想意识的显现。"

我们要是在第五轮还不能放过自己，那就离投胎转世不远了。这时我们会来到第四轮审判之轮。大家应该还记得，在这一层，信徒能够触碰神的双脚，而现在，他可要跌倒了。在我看来，这正是大学校园应当持守的位置，即居于冥想之境与时下鼓吹的行动主义之间。若总是追随“业风”（karmic winds），追随那些叫嚣着“杀！杀！”的、朝荣夕灭的行为，我们终会失去一切。一切注定有得有失。

我们必须谨记一点：没有什么是非握住不可的，没有什么是非得到不可的，没有什么是非做不可的。若忘了这点，你的身后将会出现一堵由三重力量垒成的厚墙，到时候你就再也无法回头了。这三重力量就是愚蠢、怨恨或愤怒，以及渴望或贪欲。它们是推动世界的三重力量。

在这里，审判之主阎罗王以庞大的多臂公牛的形象示人，这是一个遍及整个西藏传统的形象。阎罗王的狱卒一并出现，把人大卸八块，扯出内脏，将你所能想到的一切名目繁多的东方酷刑用到人身上。这时候你得这样想：“这些酷刑不过都是我自己想出来的。”

若不能想到这点，你就快没退路了。在此，弗洛伊德的心理学又派上了用场。从第二轮起，下坠过程中的灵魂会看到男男女女交媾的场景。这时喇嘛会说：“千万不要夹在他们中间。”万一你还是钻进了交媾的两人中间，就会发生一些非常有意思的快乐体验。要是你投生为男性，你会喜爱你母亲，憎恨你的父亲；要是你投生为女性，你会厌恶来世的母亲，喜爱自己的父亲。弗洛伊德是不是让我们学到了点儿东西？

经历了四十九天的全部苦难后，至高意识下降到底，化为一个嘤嘤啼哭的小生命，呱呱落地，他/她还以为自己是首次来到世间呢。实际情况是所有事情将再次在他/她身上重演，灵魂又一次返回了尘世。

以上就是隐藏在各种东方教派背后的观念，它的目的是教人发现人自身的内在之物。

人若能在保持清醒的同时达到无区分意识的状态，可能会有两种回应方式。第一，假定你发现了光，凝视着平静的水池，放松身体，闭上双眼，仿佛要与绝对超越融为一体。第二，你也可以睁着眼，沉浸在与各种形态相嬉的愉悦中，于万千形态中凝视那独一的形态。后一种回应方式就是肯定现世的态度，它肯定每一种个别的事物，也肯定妖魔。

在印度期间，我留意过看看自己会选择与哪种智者探讨重要的神秘问题。我最终挑了一位生活于俗世、睁着双眼的人。

他叫斯里·克里希那·梅农（Sri Krishna Menon），[22] 曾是一名警察。在印度，警察不是一份很受尊敬的职业。即便如此，他却是一个伟大的圣人。我是经人介绍认识他的。当我走进房间时，他已在里边坐着，并给我留了把椅子。我们礼貌地互相问候，他问我："请问你有什么问题？" 巧的是，我问的恰好是他初次见到他的古鲁[①]时所提的问题。我们那天的谈话非常愉快。

我问他："众所周知，万物皆为梵，都是神圣的能量。要是这样的话，为什么我们要弃绝尘世？为什么我们要摒除恶习？为什么我们要丢掉愚蠢？为什么我们不能透过最残酷、恐怖、愚蠢、黑暗的事物，一览神圣的光辉？"

他答道："对你我来说，我们正沐浴在神圣的光辉之中。"

① 古鲁（guru），梵文音译，意指教导神圣知识的老师。——编者注

东方神话的创造力[23]

光之化身：印度艺术

在关于文学创作技巧的印度经典教材中，有四类主题被认为是适合的艺术表现对象：第一类是抽象的事物或概念，如女神、真理、美等；第二类是各种行为和情绪，如屠妖、杀敌、追求爱人，以及忧郁或快乐的情绪等；第三类是各种人，如婆罗门、刹帝利、商人、情人等；最后一类是众神。你应该注意到，这些对象其实全都是抽象的。印度人对独一无二、与众不同的个体现象，毫无兴趣。纵观印度辉煌灿烂的艺术，它总在重复相同的主题：美与真诚的主题，以及其他一些反复重现的母题。若将印度艺术丰富多彩的形式与文艺复兴后的欧洲艺术相比，你将会对印度艺术中个体特性的缺乏感到震惊。

看看米开朗琪罗或达·芬奇的作品，这些艺术家在人物特征、个性，个体完整性的塑造上耗费了诸多时间和精力，因为只有这样，人们才能看出他们的作品是独一无二的。我们强调个体是独特的，将其当作某种从未出现过的事物加以培养，直至最终成型；我们也用同样的方式培养能够对某些事情承担责任的个体，我们称之为个体或自我的发展，这与东方思想及艺术格格不入。东方艺术家在处理作品的形式时，不仅必须考虑所要表现的对象类型，还要防止作品成为艺术家的自我表达。西方人则对艺术家津津乐道，认为他们总在殚精竭虑地寻觅独特的语言，传达独有的启示。西方人听过太多原创性的思想，太多关于自我的表达，这些术语在西方人的美学话语中再寻常不过，但它们与东方艺术的精神格格不入，甚至背道而驰。

当然，这种强调个性的做法也与东方的宗教信仰格格不入。后者关心的恰恰是自我的泯除，是当下瞬间的必然消逝，这一切不过是“我”（ahaṃ/I）而已。对类型的强调有时的确导致了印度艺术的缺陷：枯燥且脱离现实的重复，对陈套的单调模仿而不去尝试创造新的原型。不过，我不拟讨论印度艺术在主题方面的负面因素。我想讨论的是，它在表现蕴于万物中的不朽神性时所展示出的神秘而高超的技巧。它是一首美妙绝伦的歌，人们在阅读《薄伽梵歌》或任何伟大的东方哲学著作时都会听到的歌。它是不生不灭的永恒灵魂的歌，这一灵魂与万物共存共灭，以自己的光辉荣耀万物。它是梵之歌，唱响在印度艺术以及许多东方艺术之中。我在此所要讨论的，正是这首歌，这种冲动。

印度艺术家也属于瑜伽行者。（下文马上会谈到东亚艺术家。）他们先要学习身体技能和手工技艺，随后，他们要完成导师安排的任务，创作出指定的出师作品。在成为一名工匠大师后，才能接受任命建造神庙或设计雕塑的装饰，再把相关工作交由工匠们完成。他必须冥想所要表现的神明形象，将其呈现在自我的精神与内在之眼前。当你阅读关于东方寺庙和东方城市起源的书，发现某个伟大的神圣君主曾在梦境或异象中见过这些城市时，定会觉得很神奇。我想，这就是时至今日人们前往一些伟大的亚洲城市，仍会有在梦幻世界旅行的错觉的原因吧。这些城市的最初构想本就带有梦幻感，实际上往往就是在梦中设计出来的。随后，这些梦便被人想方设法地用砖石呈现出来。

图 2-6 恒河之畔的贝纳勒斯

印度艺术家们认为，要想刻画一位特定的神灵，如毗湿奴，首先要研读与这位神灵有关的所有文献。毫无疑问，他在学徒期就已熟读相关文献，但现在他需要重读它们，以熟悉这位神明的具体特征、标志和象征，而后形成自己的构思，并在自己的精神中读出这位神明的梵文种子字（seed syllable）[①]。换句话说，他必须读出与这位神明形象相对应的词语。这时，如果他有幸得到神灵示现的恩典，他的脑海中就会浮现这位神明光彩熠熠的形象，进而成为他据以展开艺术创作的原型。人们认为，最完美的印度艺术作品是对异象的如实再现，它们不但拥有神示一般如梦如幻的特质，并且在身体力量上也显示出惊人的活力和权能。

① 密教中表示佛、菩萨等诸尊所说真言之梵字。——编者注

图 2-7 蔽于宇宙大蛇阿南塔之下的毗湿奴，约 18 世纪

简单来说，这种思想是如何看待艺术的？神圣存在内在于万物，而艺术就是对能够彰显神圣存在的各种形式的合理调度。艺术的光辉和魅力正在于在他者身上发现自我。这里的自我（self）并非人格层面的自我（ego），也不是被世人观看着的我（I），而是寓于阿特曼 - 梵之中的那个自我，而阿特曼 - 梵又寓于万物之中。这个自我是那个发为“唵”音的自我——一切音乐皆为“唵”，世间万物都是梵。就此而言，东方艺术是人为之上下寻索的万物之神性的显现。在东方人看来，万物的神性并不是独一无二的，而是普遍存在的。

大家应当还记得，在昆达里尼瑜伽中，“唵”音将在第四轮被听到。可以说，昆达里尼的行走路线生动地启发了东方艺术的目标与技巧。印度艺术尤其关注从第四轮向第六轮的上升过程。在第六轮，人要么凝视世间万物，通过它们体验神圣的光辉；要么目睹神性存在本身。这就是印度艺术的特质，它强调的是神性存在，绝大部分时候都是在描绘众神。随便翻阅有关印度艺术的画册，你会看到一个又一个神的形象。参观印度神庙，你也能发现它们的非同寻常之处——它们闯入自然景观，却没有成为自然景观的一部分，仿佛是从某个更高的领域闯入了大地。那些美妙的石窟完全是从岩壁间凿刻出来的，当你步入其间，若能摆脱双眼的视觉经验世界，便会进入超越存在的示现世界。总的说来，印度艺术就是这样一种着力抹除肉眼对世界的常规经验的艺术，它仿佛在人的双目之间开了第三只眼睛，能看到那关于天国的永恒的异象。

图 2-8 恒河女神下凡

光明与黑暗：东亚艺术

若将目光从印度转到远东地区的中国或日本，我们会感受到另一种极为不同的艺术情感。佛教从印度传入远东地区，同时也带去了描绘天国、天界众神的曼妙艺术。不过，远东地区的精神世界具有一种更接地气、更为讲求实际的自然倾向，也更关注人间万象所在的物质世界。如铃木博士所说，印度人表示众生的词转译成英语是innumerable（无数），该词在梵文中反复出现，意指一宙（an eon）的时间进程中消逝的若干年。而在中国，用于表达世间一切的词是“万物”。印度人总是把众生和梦幻挂在嘴边，而在中国和日本人们喜欢说“万物”，也就是此时此地的事物，这才是他们关心的东西。总的来说，这其中出现了关注重心的转移，从可以清晰无碍地看到神或神灵示现的第六轮，转到了由人与自然构成的花花尘世的第四轮。在这花花世界中，人们心心念念的是各式各样的幽灵鬼怪，并把它们视为永恒之道神妙光辉的化现。

在远东地区，我们能够看到两种重要的艺术形式。第一种艺术注重表现佛教形象和其他神圣形象，它秉承了前文所说的印度幻想世界的传统。但另一种艺术形式则注重描绘中国和日本的自然风光，这些优美的乡村画卷体现出截然不同的精神。

主导这种艺术形式的是远东地区以中国道家思想为代表的土生土长的哲学。我们知道，“道”意为道路，是自然之道。自然之道就是光明与黑暗交互作用。世界的形成及其正常运行，均有赖于阴阳原则的协调与组合。“阳”与“阴”有时也被理解为男性原则和女性原则，不过这不是它们的主要含义。最初，阳与阴分别指河流的向阳面和背阴面。阳面有什么特点？它充满光明，炎热，因为太阳是干热的。而另一边的阴面则连接着大地，由于缺乏阳光而显得十分阴冷潮湿。一面是潮湿、阴冷和黑暗，另一面是炎热、干燥和光明，二者相互作用，此消彼长。大地和太阳分别与女性原则和男性原则相关，与被动原则和主动原则相关。这是一个非常深刻的象征。

这一象征不具有任何道德律令的意味，它并不意味着琐罗亚斯德教和《圣经》传统构想的光明之子与黑暗之子的斗争。光明并不比黑暗更好、更强，黑暗也并不比光明更好、更强，它们仅仅代表世界赖以为存的两种平衡性的力量。

图 2-7 《携琴访友图》，（明）蒋嵩

当我望向窗外时，我看到的除了光明与黑暗，还是光明与黑暗，不论望向哪里，都是如此。艺术家能用画笔在白布上描出黑色，用以表现自然界的万千变化。他也能通过调节光明与黑暗的比例来展现千变万化的形态，因为这些形态在本质上都是由光明与黑暗组成的。这很神奇。由光明与黑暗构成的外在形态，其实也是事物内在形态的外化。因此，艺术家挥毫泼墨之际，正是在操纵整个大自然背后的种种原理。可以说，艺术作品呈现的正是世界的神髓，即光明与黑暗的彼此协调、相互作用。在洞悉光明与黑暗的相互作用后，人会获得一种巨大的愉悦：他不再奢求冲破宇宙的重重藩篱，而只愿驻留尘世，缱绻于阳与阴这一伟大平衡的韵律之中。

艺术家要体察自己周遭的对象，就必须学会观看，而观看是一种消极的、属阴的活动。人不能刻意对眼睛说“要多多地看”。人观察世界，世界就会向人走来。有个很妙的词“无为”描述了这一状态。无为意为不作为，但并不是说什么都不做，而是说不要对事物施以强力，唯其如此，事物才会主动向人敞开。印度教徒进入冥想时，神灵会自然显现，同样，当远东的艺术家进入沉思时，世界也会自然地将自身映入其眼帘。东亚人认为，世界的诞生乃是基于其自身的自发性，而世界的自发性也是艺术家的自发性，进而也是画笔在绘画过程中展现出来的自发性。不必刻意经营，也无须苦心运筹，这就是道家思想的精义。

在《中国的科学与文明》（*Science and Civilisation in China*）这部杰作的第二卷中，李约瑟博士运用“理”（li）与“则”（tse）[24]这两个词阐述了“法则”（law）的含义。“理”指玉石上的斑纹，也即生命的自然纹理，代表着宇宙固有的自然法则。“则”指的是用铁笔在坩埚上刻下的记号，是一种人为的记号，它被用以指称人类制定的各种社会规范，即与自然法则相对的人为法则。[①]“则”是由人类心智构想出来法规，“理”是自然中作为“则”之范型的客观规律，二者是一组相对的范畴。艺术的职责就是要认识自然的规律及其范型，了解自然的运行之道，而要做到这一点，艺术家就不可将任何人为法则强加于自然。就此而言，艺术家肩负着美好而审慎的使命，他要学会协调他的自然观念与自然的既定形态之间的关系。所谓艺术家的自然观念，就是艺术家对于该做什么及他所掌握的创作原则的认识。“无为”就是有为与无为之间的平衡，唯有达至此境，方可创作出完美的艺术作品。

可以说，在远东地区的所有传统中均能看到“无为而有为”的理念。我在日本时曾观看过几次相扑比赛。相扑是一种很疯狂的比赛，参赛者都是些大胖子，据说他们是世间最胖之人的后代。整个摔跤过程中，这些大胖子多数时间都蹲伏着紧盯着对手，在此期间，观众们也在全神贯注地盯着他们。如此来回四次左右，突然，“砰”的一声，他们迅速揪住对方，不到五秒，其中一个家

① 关于李约瑟对“理”与“则”的解释，可参看李约瑟:《中国科学技术史第二卷：科学思想史》，何兆武等译，科学出版社，2018，第592—596页。——译者注

伙就会倒在地上。在整个前期准备过程中，他们都在干吗呢？一般认为，他们都在试图找出中心点或无为点，只要找到这个点，动作就能自然而然地爆发出来，而找不到中心点的人则会被击败。

在日本，你若想成为剑术家，则需要跟随一名剑道师父学艺。这位师父可能有好一阵子都对你不闻不问，只让你端端盘子洗洗碗，他自己则时不时地不知从哪里蹦出来，冷不丁给你脑瓜来上一下。于是，你开始起了防范之心，在“这里”随时候着他再次现身——而他却从“那里”蹦出。这样几周下来，你终于明白，最好什么准备都不要做，因为你越是认定敌人会从某个方位袭来，敌人越不会从那里出现。你必须保持精神的绝对集中和随时自发应对的状态。这是击剑艺术的基本功课。

我曾听过一个关于某位剑道师父的有趣故事。这位剑道师父对弟子们说：“谁要是能用任何手段出其不意地让我上当，我就给他鞠躬。”不出所料，日子一天天过去，弟子们绞尽脑汁地算计这个老顽童，但就是没人能趁其不备使他上当。一天，因为一直待在外面的泥泞中，师父想要些水来洗洗脚。一个年方十岁的小男孩给他端来了洗脚水，但水太烫，师父吩咐“掺些冷水”。过了一会儿，小男孩又把热气腾腾的水端了回来。师父不察之下把脚伸进了烫水里，旋即缩了回去。最后，他给小男孩深深地鞠了一躬。

懈怠之过，也即放松警觉之过，是错失生命瞬间之过，无为而有为的艺术就是时刻保持警觉的艺术。因此，你每时每刻都在体验着生活，你不一定需要做什么，生活本就内在于你，在你内心运行，自我言说。

在印度、中国或日本等东方国度，艺术不单单是一项操纵画布、画笔或刻刀的技艺。它也是生活的艺术。库马拉斯瓦米①指出：“在传统东方社会，艺术家并不是什么特别的人，但每个人都是特别的艺术家。”[25] 如你所见，存在的

① 库马拉斯瓦米（Ananda K. Coomaraswamy，1877 — 1947），印度艺术史研究的开拓者和向西方介绍印度文化的著名翻译家。——译者注

警觉是东方社会的中心原则，每一项技艺、生活中的一切行为都是体验神圣存在的契机，而神圣存在就是我们的生活本身。艺术家的职责是以异常精准的方式呈现这一体验。印度艺术家的心智倾向于摆脱尘世，抵达第六轮，观想诸神；相比之下，中国的道家艺术和日本的禅宗艺术更倾向于沉思自然。

古代中国的道家艺术与诗歌作品都有一种出世倾向，那就是远离城市去往乡村，隐遁于人迹罕至的山野，与自然为邻。日本这个国家有点像英国，人口众多而空间狭仄，很难找到与自然单独相处的机会。爬上一座大山，你可能会发现那儿早就在举行小型聚会了。在日本，人们不可能逃离人群和社会。

日本人会运用中国汉字或字符表达一些比较复杂的概念。在汉语和日文中，用于表示“自由”的字符是完全相同的，只不过它在日文中读作“jiyū”，在汉语中读作“ziyou”。在汉语中，“自由”的确就意味着脱离社会的自由：在辽阔无垠的苍穹之下，在云雾缭绕的高山之巅，采拾蘑菇，没人知道你身在何方。但在日语中，“自由”指的是社会情境内的自由，一个人得待在既定的环境中，待在社会加诸你的情境中，仍要受到各种社会规则的约束。一个人要在社会情境的范围之内寻找自由，因为照耀大自然的生命之光，同样照耀着社会中的每个人。

日语有一个极为奇怪而有趣的现象。其中有一类礼貌用语，也就是人们熟知的游戏语言（asobase kotoba），譬如，日本人不说“我知道你来东京了”，而是说“我知道你来东京玩儿了”。在他们看来，人们的所作所为都是出于自愿，仿佛是在加入一场游戏。生活就是一场游戏。这种人生态度对日本人影响至深，根据严格的礼貌用语惯例，你不能说“我听说你父亲去世了”，而应该说“听闻令尊驾鹤西游了”。

我觉得这是一种令人称道的生活方式。若以自愿加入游戏的态度面对生活，那还有什么事是不得不做的呢？这也就是尼采所说的“命运之爱”（amor fati）。斯宾格勒[①]引用塞涅卡[②]的名句“愿意的人，命运领着走；不愿意的人，命运拖着走”，表达的正是这个意思。人不得不走下去。我们应当认识到，人之所以会卷入生活，是因为人本就想要这样，否则也不会卷入其中。不管怎么说，这一点是东方轮回观念的一部分。你这辈子之所以会来到世间，是因为你本就想要如此。它其实是你早已决意完成的一件大事，不要畏缩，加入游戏，享受游戏吧。

每个人都玩过各种各样的游戏，我们都知道最好玩的游戏是那些最难的游戏。要是你真爱玩游戏的话，那些拥有最复杂的挑战系统的游戏才会真正令你着迷。

同样，艺术家们不满足于创作简单的作品。他们喜欢挑战复杂的作品。既然能做十四行诗，何必去写打油诗呢？

在日本，这种人生态度完整而生动地体现在艺术之中，茶道便是其中一例。日本人秉持一种高度形式化的生活：即便是出入房门这样的小事，你也要犯上无数次的错误才能做对。它让你觉得，你从头到尾都是一头笨驴，一个毛手毛脚的呆瓜。但更令人头疼的是，茶道中还包含一些异常复杂的细节。

我在东京认识了一位身材小巧的老太太。她研习茶道六十年，迄今仍坚持每周教授两次茶道课，说话时喜欢玩游戏语言。就拿用来将抹茶舀入茶碗的小茶匙来说吧，要是你将它放回茶桌的动作稍有差池，在场的所有人定会面面相觑。这比穿着雨靴觐见女王还要令人尴尬。任何时候，茶匙都应当摆在合适的位置上。更重要的是，你要轻松而优雅地完成这些颇为费劲的动作，同时还要自如地应付一些看似随意的谈话。有一天，我看着她的动作，突然回想起自己在哥伦比亚大学当田径队运动员的日子。我们通常会穿着运动服做热身准备，

---

① 斯宾格勒（Oswald Spengler，1880—1936），德国历史学家、哲学家，代表作为《西方的没落》。——译者注

② 塞涅卡（Lucius Seneca，约公元前4年—公元65年），古罗马政治家、斯多葛派哲学家、悲剧作家，著有《道德书简》《美狄亚》等。——译者注

在正式比赛开始前才脱掉它，这样做会让人跑起来更轻松，觉得自己身轻如燕。参加完茶道后我也有这种感觉：在日本的生活变得好轻松。

把艺术看作是生活的游戏或将生活的游戏当作一门艺术，若以这种态度应对俗世中的种种，会让人觉得十分奇妙快活和愉悦。与之相反，西方人的态度建立在原罪观念的基础之上：曾经在某个地方发生过的堕落，导致我们所有人都陷入了困厄。而在东方人看来，世界其实是天神的一场游戏。若我们把宾格的他（Him）想象为主格的他（He），那么世界就是他正在玩耍的一场游戏。毫无疑问，踢球时会有人受伤，骑马时会有人落马，乘车时会有人掉下车，任何游戏都会有人受伤，即便是下下国际象棋，也会伤害我们的眼睛和大脑。或许游戏的乐趣就在于它带有一定的冒险性，既然这是专为我们设计的游戏，那就玩下去呗。就此而言，艺术是关于生活本质的最高与最核心的宣言，它宣称生活就是一场游戏。说到底，这种态度与印度人把世界视为天神的游戏的观念是彼此呼应的。虽然在将生活视为艺术这点上，东亚人与印度人存在一些差异，但他们还是据此形成了一个奇妙的共同体。

中国有这么个故事，主人公是一位姓朱的年轻书生。一日，他跟一位朋友到山里散步，看到一处业已倾圮、只剩下几堵破墙的寺庙。在这座荒废的寺庙中住着一位老和尚。老和尚向他们问好，并带他们参观了寺庙的残垣断壁。其中一堵破墙上挂着一幅很漂亮的画，画中有一座小镇，一位妙龄少女立在街头，头发垂鬟——这表明她尚未嫁人，因为已婚妇女都是要盘起头发的。朱生看着看着就爱上了画中女子，被她彻底迷住了。这时老和尚施展法力，让朱生不知不觉间进入画中，站到了少女面前。少女说："请进。"他就进去了，并与之陷入热恋，缱绻多日。

后来，女子的同伴们来了。她们说："噢噢，你的头发还垂着呢，你该盘上啦。"于是女子盘起了头发。他们就这样在村子里继续生活了一段日子。

有一天，外面突然传来骇人的嘈杂声，原来是一些官差正在搜查外地人和陌生人。在这可怕的骚乱中，少女对他说："快躲起来，快躲起来，快躲起来，你得赶快想办法逃走。"于是朱生开始东躲西藏，一眨眼从画中走了出来，恰好来到了入画之前所站的位置。朱生的朋友一直惦记着他，见他终于回来，很是高兴。待他们掉过头再看那幅画时，你应该能猜到，女子的头发竟盘了起来。①

这个故事的寓意无须赘言。

我想简单提一下禅宗（Zen）聊作总结。近年来禅宗十分流行。读者应该都知道，zen 这个词是汉字"禅"的日语发音，而汉字"禅"又是梵文词 dhyāna 的汉语发音，意思是"冥想"。冥想什么呢？冥想人们应当冥想之物，也就是寓于万物之中的神圣存在。在印度，此类冥想方式的代表是佛陀的静坐、沉思、提升昆达里尼，等等。这是那些远遁俗世、转向内在、向内沉思的僧侣们所采用的冥想方式。

不过，还有另一种冥想方式——风景艺术的方式、中国艺术的方式、道家的方式，简言之，就是以物观物的方式。这就是人们熟知的步行禅（walking contemplation），你得四下走走。佛教从印度传入中国后，逐渐被中国人的生活态度所同化，并于 8 世纪演变成禅宗（dhyāna 或 ch'an）。它注重的是步行，而不是静坐。在日常生活中，人们可以一边步行，一边参禅。

10—12 世纪，禅宗（或者说注重冥想的佛教）慢慢传入日本。这几百年正是日本历史上中古时期的鼎盛期。日本中古时期就是所谓的平安时代，也是紫式部在《源氏物语》中所描绘的时代。禅宗强调以警觉的心态面对人生，体验生活，这种态度十分适合日本武士。

恰于这一时期，欧洲也进入中世纪的繁荣时期，出现了战斗牧师和僧侣骑士；只要将基督教的十字架倒过来，它就变成了一柄利剑。与此相似，日本也

① 该故事出自蒲松龄《聊斋志异》第一卷第六个故事《画壁》，作者在转述过程中对情节做了一些调整。——译者注

开始对武士进行僧侣式的训练。前文说到的剑术和相扑，其实都体现了步行禅原理在竞技和搏击领域的运用。自此，日本的禅宗佛教开始与高度军事化的武士训练联系到一起。事实上，日本禅宗也十分注重严格的训练。

此后数百年间，日本佛教在许多方向上都获得了很大的发展。但颇为讽刺的是，在当今日本，最注重静坐冥想的仍然是禅宗寺院。当你走进一座禅堂，看到有如僵直的雕像端坐于地的年轻僧人们，定会感到诧异。另有一人像扛着武器一般扛着一根一米来长的木棒，在其间来回巡视。要是哪个年轻的僧人打起了盹，他的肩膀就会狠狠地挨上一记木棒。这就是当今的日本禅宗，一项相当严格的致力于冥想与开悟的技术。

日本禅宗和中国禅宗是两种极为不同的传统：一种注重冥想，另一种注重步行。但不要忘了，东方人即便是步行，也是要遵循社会规范的，它追求的是社会语境之内的自由。

在当今日本的禅宗实践中根本看不到什么垮掉禅（Zen beatniks），即野性十足的达摩流浪者的元素。[26] 僧人们遵循一种严格的生活方式，开悟（静虑，即禅定、冥想）也发生在高度形式化的社会情境中。

日本禅宗是茶道的重要思想来源。在我看来，人们想到禅宗时，多半是以高度训练的茶道游戏的方式，而不是以“放下一切，追寻自然”的浪漫方式去思考它。

我认为，如果不能以前文考察禅宗的方式去理解禅宗，我们就会错过东方人把艺术与生活看作一项人人爱玩的复杂游戏的重要经验。离开这一背景，西方人就无法真正理解东方宗教。

Myths of

Light

Eastern Metaphors of the Eternal

03

通往彼岸之舟

Myths of

Light

Eastern Metaphors of
the Eternal

人最大的罪过在于懈怠，在于对生活失去警觉，在于对所处的每一个瞬间及其奥秘、对此时此地正在发生的事漫不经心。假如能够保持警觉，你就会发现，整个世界的奥秘与虚空都在照耀着你，你已身在彼岸。

耆那教：遁世之路[1]

关于个体灵魂，有一点很有意思：这是一个不断转世的单子，也是转世的原则，它在本质上是纯洁无瑕的。个体灵魂如同一个无色、无形、无相的纯洁气泡，不过是阿特曼－梵的一种表现形式。但它受到了业力和俗世的玷污。实际上，整个世界无非就是由这些受困于物质的单子构成。

耆那教徒秉持一种极端的二元论：物质绝不等同于精神。他们认为每个人都有两个自我，一个是精神世界纯洁的自我，另一个是在尘世中嬉戏的自我。人在世间的所有行动，即便是我们自认为纯洁无害的行动，都在玷污尘世中的自我。据说根据人们的行动，会有六种颜色被注入灵魂。最卑劣、最粗鄙的行动会把灵魂染黑，其次是蓝黑色，接下来依次是烟灰色、火红色、黄色和白色。要记住，纯洁的灵魂本是透明的，它甚至都不是白色的。

在耆那教传统中，宇宙被构想为一个巨人：当这个巨人被想象为女性时，它是世界之母；当它被想象为男性时，它是一位站立的瑜伽行者。我们所处的生命之层恰好就位于巨人的肚脐。巨人肚脐以上的整个胸部是天界，肚脐以下直至脚趾则属冥界。位于最底层的呈暗黑色，位置略高一些的呈深蓝色，再往上的呈烟灰色，紧接着的呈火红色，胸部区域的为黄色，位于头部的呈白色。瑜伽行者的目标是向上穿越各个层面，最终抵达位于最高处的颅骨，即头顶。（这种构想在一定程度上对应于昆达里尼瑜伽所说的七个阶段，昆达里尼瑜伽很可能就是从该传统中发展而来的。）在头部，获得成功的瑜伽行者，也就是胜者（耆那），就像悬挂在天花板上的泡泡那样，悬挂于宇宙头颅之巅。他们挣脱生死轮回，获得了解脱。由于清除了全部个性，这些觉悟者们一模一样，无从区分。在这一阶段，再也不存在什么个性或殊异的概念。由此，我们再次遇到了一个独特的东方母题：非个性化，把自我的泯除作为生活的目的。任何一种个性都是不完美的，都是业力，都是曾执着于某种错误幻象的印记。

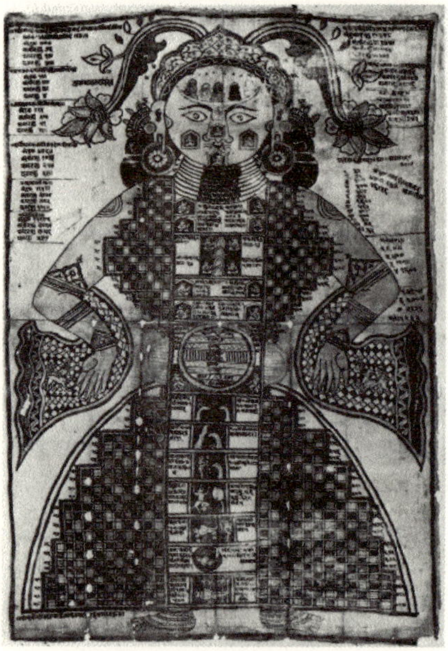

图 3-1 耆那教中被构想为大母神的世界形象

耆那教徒的目标是在经历一次又一次的轮回转世之后，最终跻身耆那之列，成为一个纯洁无瑕的泡泡。要实现这一点，就必须接受十分严格的瑜伽训练。

耆那教瑜伽的基本理念：人必须停止一切动作，不再运动，不再进食，不再思考，不再感知，最终不再呼吸。除非人已经彻底对生活失去兴趣，否则死亡是无益的。只要人的思想里还残留着一丝丝“哦，这不挺好的吗”之类的念头，他就会返回尘世。

此外，按照这种瑜伽理念，人越往上走，越能发现理念本身的严酷性。每一次投胎转世，人的压力都会加大，会越来越担心被遣回尘世。在这项严酷的瑜伽的最后阶段，哪怕是一件最微不足道的小事，都有可能让人遭到驱逐，马上被打回最底层。

叔本华曾说：“生命本不该存在。”[2] 要是你真能这么想，那就可以摆脱尘世了。但想要真正摆脱尘世其实并不容易，如果一个人是衔着怨怼离世，那他必定还要返回，再次对他人干些坏事。如我们所见，个体灵魂必须竭力摆脱尘世，回到梵我合一、没有恐惧和欲望的彼岸。人所要做的，就是泯除自己的欲望和恐惧，而后如同光束一般逸出尘世。进入涅槃状态的人就像一簇微弱的火苗一样，噼啪，噼啪，然后就熄灭了。

说来容易做来难。怎样才能证得涅槃呢？

有两条路：其中一条路是依靠自己的力量，日本人称为“自力”（jiriki）；另一条路是日本人所说的“小猫之路”，需要借助“他力”（tariki），即外援。小猫需要让猫妈妈衔着它的颈背，把它带到安全之所，同样，有些灵魂需要借助外部力量来超越自身。

日本禅宗走的是借助个人内在力量、依靠自己的道路。另外，在一些关于菩萨和佛的重要神话中，众菩萨和诸佛出于恩典、慈悲与怜悯，惠施能量，帮助我们从幻象的束缚中解脱出来，这是一条借助外部力量的道路。它也是通向神话之路。神话意象就是一种可以提供帮助的外部力量，人可以借助它从尘世的束缚中解脱出来。既然存在各种代表下层脉轮次级力量的神明，当然也就存在一些代表精神意念终极力量的终极神明，这些终极神明在佛像、菩萨像及印度教中均有体现。

《奥义书》问世不久，各种遁世、否定世界的传统就出现了，其中便包括上部座佛教（Theravāda Buddhism）、印度教和耆那教。前两种宗教我们将在后文详细讨论。

耆那教在印度中古时期拥有很高的地位，影响很大。但从 12—14 世纪，耆那教的信众急剧减少，如今变成了一个主要聚居于孟买和上艾哈迈达巴德（up in Ahmedabad）周边地区的小群体。耆那教极端重视瑜伽修行，宗教传统中有大量讲述先后降临世间的 24 位救世主或瑜伽行者事迹的传说。这些传说中的最后一位是名叫筏陀摩那（Mahāvīra）的历史人物。vīra 的意思是“英雄”（与拉丁文 vir 同义，即赋予我们德行者），mahā 是“大”的意思，因而他又名大雄。他与佛陀生活于同一时代（公元前 500 年前后），并与佛陀有过论辩，相关的观点也被记载了下来。他被列于耆那教其他 23 位救世主，也就是渡津者（tirthankaras）[①] 之后。在他之前的是巴湿伐那陀（Pāśvanāta），约生活于公元前 9 世纪。在巴湿伐那陀之前是另一位，又另一位……耆那教的年代观念像所有印度人的年代观念一样随意，他们甚至能将我们带回太阳诞生之前。但不管怎么说，耆那教无疑是一种极其古老的瑜伽传统。

筏陀摩那是耆那教的最后一位渡津者。在他生活的时代及随后数百年间，耆那教和《奥义书》在印度的影响力似乎变得格外大。

耆那教瑜伽的目的是死亡，真正意义上的死亡，但这种死亡必须是人泯除对生活的所有欲望之后的死亡。这点十分关键。若人是出于怨恨或沮丧而自

① 渡津者，耆那教名词，也译作蒂尔丹嘉拉。指已越过生死轮回的海洋，可为他人开辟得救之途的救世主。——编者注

杀，那么他最终还是会返回尘世。人必须泯除自己内在的一切。为此，他得遵循一系列不断升级的奇妙誓言，以此强化对自己行动的限制。每一阶段的誓言都要比上一阶段的更严苛，最终甚至要限定自己每日走几步路，每餐吃几口饭，直至终于像一道光那般逸出尘世。这种修行方式着实惊人。耆那教是最早提出不杀生（ahiṃsā）、非暴力主张的宗教。它提倡不伤害任何生命，因为整个世界都是有生命的。

耆那教的瑜伽行者的确盼望死亡。依照该传统的说法，人的身体由精神与物质混合而成，人的所有求生欲和恐惧都是物质的表现形式，是身体这个混合物的生理反应。而瑜伽行者所追求的永恒的平静，却完全是精神性的。人只要封闭各种感官，纹丝不动地坐着，激发精神的热量，就能从内部烧掉身体中的物质因子。但是，人们的每一次行动都会招来更多物质的污染，因此，耆那教主张通过多次的轮回转世，循序渐进地缩减自己的活动。这种主张一直延续至今。平信徒修行的第一步便是立誓绝不杀生或绝不伤害任何生命，这也是耆那教最重要的理念。非暴力的理念不属于雅利安人，它应该源自更早的达罗毗荼传统。从《荷马史诗》可以看出，雅利安人是非常崇尚暴力的。

这是印度文化的一个悖论：刹帝利武士崇尚暴力，而其他种姓却号召不杀生。

与耆那教传统密切相关的另一个概念是转世观念。转世观念属于更早的传统，这也是我一直在讨论的一种传统，它认为灵魂需要经历一个漫长的轮回和上升的过程。与转世观念相关的是轮回思想：各历史时代有如运转不息的车轮般循环不已，历史是痛苦的轮回。佛陀曾不无欣悦地悲叹“众生皆苦”，这一悲叹正基于此。摆脱轮回的唯一的办法就是经由极端的瑜伽行为，不断净化自己。

随着个体一次次转世，所做的准备越来越充分，他所要履行的戒律越来越严格，也越来越多。

想通过自杀来摆脱尘世是徒劳无益的，因为尚未焚尽的业力终会将你带回来。耆那教的策略是逐步地消除欲望和恐惧，通过一点一点增加戒律的数量来消除它们。这其中包括最后阶段的誓言，如静止不动，因为一旦走动，就有可能踩死小虫子。

如今在孟买，仍能见到耆那教的僧人和尼姑们用纱布蒙住鼻子和嘴巴，看上去像是准备操刀做手术的医生。他们这么做的目的不过是防止将虫子吸入体内，或是为了避免大口地呼吸空气，因为空气本身也是有生命的；一个人要是落水了，千万不要凫水，因为有可能会伤及水中的微生物，你得让自己慢慢漂到岸边，上岸后也不要擦干身子，而要在太阳底下慢慢晒干。这是耆那教传统中一种非常突出的极端倾向。在孟买大街上，你甚至能看到一些耆那教僧人手执笤帚，一边走路一边轻轻扫开路上的虫子。耆那教徒不能在黑暗中饮用任何东西，因为水里可能掉进了一些小虫子。他也不能食用刚刚切开的苹果，而是要先让它自然死去，褪去生命力。

讽刺的是，由于耆那教徒不能从事任何涉及暴力的工作或行业，于是他们纷纷成为银行家和企业家，结果成了印度社会中最富裕的群体。在孟买，你会看到一个奇怪的情形：最古老的、主张弃绝尘世的宗教，却拥有一批最杰出的、肯定尘世的平信徒。当然，平信徒是支持僧侣们的，他们仍旧希望让自己的精神逐渐摆脱尘世。

这种把精神与物质对立起来的二元论与后来主张非二元论的印度教和佛教形成了鲜明的对比。很明显，《奥义书》时代出现了某种危机。雅利安婆罗门是肯定尘世的，显然是他们弥合了尘世与精神世界，将二者视为同一事物的两面。由此，瑜伽的弃世主张消散于婆罗门教的传统中。在婆罗门教传统看来，万物皆为梵，万物均是精神，尘世乃是伟大精神激起的涟漪或是其幻化。尘世并非全然异于精神，也并非完全对立于精神，恰恰相反，它本身就是梵。

在今天的印度，否定尘世和肯定尘世这两种立场之间的对立仍旧十分突出。虽然二者哲学基础相近，有时很难看出它们的区别，但区别是存在的。

在转入下一个宗教之前，我想再作一点补充。耆那教认为，在轮回转世的过程中，灵魂要么往升天国，要么堕入地狱，分别停驻于宇宙身体的上层和下层。栖居于天国的灵魂是诸神，住在地狱的灵魂是各种恶鬼，并不存在什么高于人类的神性存在。当人进入更高境界时，人就变成了神。基于此，我们可以将耆那教视为一种无神论的宗教。在耆那教看来，不存在什么至高神，也没有所谓的造物主，自古以来，世界始终在自行运转。世界和宇宙本身被视为一个巨大的生命体，你若愿意，也可以把它称为神。只不过，这并不是一个人格化的、时时参与世界游戏的神。

耆那教是一个无神论宗教，它认为终极原则就寓于人类内心深处。这是最高的教义。这一理念渗透了整个印度思想乃至全部东方思想。荷马时代的希腊人供奉诸神，把诸神视为至高无上的存在。最初侵入印度的雅利安人也崇拜诸神，但到了后期，雅利安人信奉的诸神经过人们的层层阐释，就变得与耆那教所说的诸神相差无几了。我在前面讲过因陀罗这位变化之神的故事，他的情况也是如此。世上没有神，唯有宇宙本身，而人类则位于灵性的较高阶段。瑜伽行者的目的，就是要穿越诸神所在的领域。

耆那教的僧侣分为两派，其中一派叫空衣派（digambāra），即全身赤裸的僧侣。他们不着寸缕，剃光头发，持戒严格，不参与任何社会事务。一些空衣派圣人的雕像正是一丝不挂，以所谓的“凯奥特萨尔加”（kayotsarga）的姿势纹丝不动地站着。这个姿势代表着无视肉身，放下一切。

另一派耆那教僧侣的主张则比较宽容，他们是所谓的白衣派（śvetambāra），即着白衣者，他们只穿白色的衣服。在印度的城市里，你会看到这些蒙着嘴的白衣僧人从你身边走过。在孟买，你可能还会看到这一派成员正在举行某种仪式。虽然这种仪式看上去有些古怪滑稽，但却传达了耆那教哲学的精髓。有一天，我看到两个小伙子抬着一张爬满虱子的小床穿过孟买的大街小巷。他们边走边喊："我们要喂虱子啦！谁要喂虱子？"一位女士从窗子里扔出一枚硬币，表明自己愿意喂虱子。这时，其中一个小伙子就躺到床上，供虱子享用美餐。不论是两位僧人还是那位女士，都是在积德，因为他们帮助了这些低等生命，给虱子们带去了微薄的享受，以便使它们在经历数百次的转世之后，终有一日也能像白衣派僧人一样说一句："谁要喂虱子？"

耆那教认为，灵魂的原则与物质的原则虽紧密相连，却又判然有别。人的目的是让自己彻底摆脱一切粗物质，清除身上的业力，化作一颗完美无瑕的泡泡飘离尘世，升到宇宙之巅，由此挣脱轮回，安驻永恒。

与耆那教相比，佛教教义更注重心理而非生理层面的修行。佛陀告诉我们，人所要弃绝的是对生活的过度迷恋，是对摩耶的那份执着。无明导致欲望，欲望滋生行动，行动则带来更深的无明，更深的无明又导致更多的欲望，更多的欲望又滋生更多的行动……如何才能跳出这样的恶性循环？你可以通过驯服欲望、克制行动或冲破无明来跳出这个怪圈。佛教的主要方法是冲破无明。但你也可以采用驯服欲望、节制行动的方式，变得恬淡无为。

佛陀一开始也主张节制人在世间的行动。其教义最初被认为是隐修式的，像耆那教那样主张弃世绝尘，而早期的佛教僧团也的确如此。但佛教内部兴起了一场强烈主张注重现世生活的运动，只是人在行动时应不怀贪欲和恐惧，不计得失，无私行动。该主张的根本观念：只要人抛弃了贪欲和恐惧，就会实现心灵的转变。放下了自我的人虽然仍在行动，却仿佛是世界在通过人来行动，一切纯然出于自发。人仿佛变成了一棵树，一株植物，完全生活在无我的状态之中。

基督的训谕中也包含了这种思想："你看那野地里的百合花，它既不耕耘，也不纺织，可是我告诉你，就是所罗门王最富贵的时候，穿戴的还不如这一朵花呢。"[3]这些百合花从不焦虑，只是自在地活着，活在自己的全部荣光中。这种思想遍布整个东方世界，并与当时在中国和日本业已成型的一些观念形成呼应。中国道教的"无为"就蕴含了此类思想。所谓无为，就是不刻意，有所行动但不执着于结果，顺其自然地生活。这也是佛陀的基本思想。这种思想破除了刻板的自杀式瑜伽的束缚。通过这种方式摆脱了自我的人，犹如一根被火烧过的绳子。8 世纪的一位印度教大师商羯罗①说，人一旦清除了自我，就像一根摊在地上的被烧过的绳子，看上去仍是一根绳子，但只要随口一吹，它就灰飞烟灭了。它并不存在。当人们破除我执，退回内心时，情形也是如此。此时，人仿佛牢牢占据了中心位置，任生活周而复始地穿过自己。在我看来，对生活于世间的每个人来说——不论他生活在佛教世界、道教抑或是印度教世界，这都是一个最根本的理想。

① 商羯罗（Śaṅkara，约 788—820 年），印度中世纪吠檀多派哲学家，婆罗门教改革家。著有《梵经注》《薄伽梵歌注》等。——译者注

印度教：正法的追寻和摆脱[4]

非人格化的神

我们应当知道，印度教是一种民族宗教，也就是说，一个人可能生来就是印度教徒。我们可以作一个合理的类比：印度教之于佛教，正如犹太教之于基督教。当然，这不是从历史发展而是在从属关系的意义上来说。基督教源于犹太教的一场革新运动，而佛教和印度教都脱胎于《奥义书》时代的雅利安吠陀传统。印度教最初是对古老的吠陀传统及达罗毗荼瑜伽的复兴。

正如一个人生来就是犹太教徒一样，印度教徒也是天生的。印度教徒不仅生而为印度教徒，还生而为社会中的某一特定阶层：他要么是婆罗门，要么是刹帝利，要么是吠舍，要么是首陀罗。但就佛教和基督教而言，人们都是主动认信的。我把印度教和犹太教称为民族宗教，因为二者都是非常古老的宗教，其宗教实践均可追溯到约三千年前，今天的绝大多数信奉者都是这两大宗教创立者的后裔。

佛教、基督教和伊斯兰教是信条宗教。这类宗教注重人的信仰而非出身。它们都是世界性宗教，世界上所有人都可以认信。但就犹太教或印度教而言，除非你生来便是教徒，否则便不能归信。犹太教和印度教均不提倡改宗。任何一个人都可以成为基督徒、佛教徒或伊斯兰教徒，正因如此，这三种宗教才得以传入许多迥然不同的文化形态中。比如，佛教不仅传入了中国、韩国、日本，还传入了斯里兰卡、缅甸、泰国和越南，甚至一度传入印度尼西亚的苏门答腊和爪哇。众所周知，基督教传遍了东西半球，伊斯兰教也从作为欧洲之门的各国传到了印度尼西亚。在美洲新大陆，这三种宗教也都有信众。信条宗教往往由一位深受民族宗教哺育的先知开创，宗教教义大多汲取了民族宗教的精华，这位宗师的生平也成为其教义的象征。

民族宗教格外强调仪规，印度教也不例外。在“奉爱”（ritual virtue，bhakti）与我们所说的“伦理”（ethics，一个从古希腊继承而来的概念）之间，存在着细微的区别。《圣经·旧约》中记述了这样一个故事：有个人在周六的安息日捡了柴，摩西问：“神啊，当如何处置这人呢？”

神答道：“要用石头砸死这人，因为他触犯了仪规。”①

印度教多数律法和教义都属此类。它们与通常的人伦概念毫无关系。我们一直把 dharma 译作“正法”，但印度教的律法并不把正法作为一种抽象的心理或伦理理想加以提倡。这些律法被专门制订出来，是为了凝聚特定的族群，使其有别于其他族群。

在犹太教中，犹太社群被区分出来，成为祭司民族和圣民。犹太律法的目的一方面固然是使日常生活仪式化，但另一方面它的真正目的在于告诉人们：你不可在别人家里用餐，犹太人必须一起用餐。印度教也是如此，各种姓彼此分离，并且也与非印度教徒分离开来。这两个宗教几乎形成于同一时期。

---

① 故事原文参见《圣经·旧约·民数记》第十五章第 32—36 节。演讲过程中，坎贝尔用自己的话概述了故事情节。——译者注

印度教为不同种姓制定了不同的规范，因为个人不单属于某一宗教团体，还属于整个社会。这个社会包括祭司、专门负责统治的种姓、从事工商业的种姓及专事仆役的种姓。直至今日，印度社会仍旧保持着人与人之间的严格分离，以至于每个人对其他所有人来说，都是不可接触者。我仍记得自己这辈子遇到过的最吃惊的一件事：我年轻时认识了一位十分优雅的婆罗门青年，当时他来美国宣道和讲学。虽然大家可能听说过他的大名，但在此我还是不说为妙。[5]他是婆罗门家庭的儿子，他对我说，由于穿越了大洋，离开了印度，还与一群酒色之徒吃过饭，他回到印度后将不能再与父亲同桌吃饭。若他是犹太人，他的父亲大概会称他为“外邦人”（goyim），外邦人不是神圣社群的一员。这位年轻人因与不洁之人共餐过，便不能再与他的父亲同桌进食。

有一点非常重要：信条宗教正是从这些伟大而古老的传统宗教中发展出来的。当前，传统印度教文化与世俗的国际化社会的关系错综复杂，对印度人的精神困境，我们除了感到忧虑之外，似乎也无能为力。

在传统印度教中，每个种姓都有自己的律法、道德准则及社会身份，个人要遵守名目众多的律法，以致整个人生都耗在了他“应当”去做的事情上，而无暇虑及“我想干吗”之类的问题。这些律法的作用就是将个体牢牢地拴在群体之中，使之无法成长为西方人所说的个体。在梵文中，包含个体意味的词汇是不存在的。传统的印度艺术不会表现个体；相反，成为艺术表现对象的往往是具有典型性的婆罗门、王公贵族和商人。唯有化身为凡人的众神才能被加以辨识和描绘，如毗湿奴的各种蓝皮肤的化身（克里希那等）。在印度的大街上，你会遇见各种各样的人，每个人身上的各种元素都在表明其所属的种姓：衣着、姓名乃至身体特征。数千年来，人们只与同种姓的人通婚。四个种姓实际上变成了彼此隔离的种族。若你去印度旅行，有幸到“名厨吃四方”之类的场所逛上一圈，认识一下处于不同社会阶层的人，甚至仅仅是观察一下他们，数日之内，你便能学会如何区分走在大街上的人。只要瞄上一眼，你就可以说出谁是婆罗门，谁是商人，谁是首陀罗。言行举止和物质财富还不能表明所有差异，这一点与西方颇为不同。你需谨记：既有富裕而骄傲的首陀罗，也存在谦逊而寒酸的婆罗门，但不管怎样，每个人身上的每一处细节都在表明他对自己种姓身份的认同。

上述种种做法的目的，就是要让每个人都忘却自己的个体身份，让他无法意识到自己是拥有自由意志、能够进行独立判断的独一无二的存在。地位最高的婆罗门种姓，梵文作 brāhmaṇa，在这个词中，ā 头上带有长音符号，原意是“与……有关”。婆罗门就是“与梵有关”的意思，而“梵”就是我们一直在讨论的神性力量，宇宙的本源与存在。

婆罗门是这样一类人：他们知晓如何将宇宙间的神圣能量导入社会的各个渠道中，以此激励、培育和促进社会群体向各自的目标前行。为此，他们需借助种种仪式。这些仪式主要包括两部分：一是要表演的动作，二是配合前述动作念诵的颂歌、祷词或咒语。这些颂歌、祷词和咒语出自卷帙浩繁的《吠陀经》文献。Veda（吠陀）一词的梵文词根是 vid，意为“知道”，因而“吠陀”就是“知识”的意思。《吠陀经》代表了宇宙神圣秩序的知识，这些知识包括了颂歌及与之相配的音乐曲调。与希伯来《圣经》一样，这些著作被认为是神圣律法的直接启示，其梵文词是 śruti，意思是“被听到的”。据印度教教义的说法，这些颂歌最初都不是人为创作的，而是由古代先知亲耳听到的。你也可以把这些先知理解为古代的受话人（hearer）。与摩西五经（Pentateuch）不同的是，这些被启示的律法所彰显的不是某位神圣存在的启示，而是宇宙秩序本身的启示。

如前所述，东方人认为神性存在只是宇宙间各种力量的人格化，但宇宙是永恒存在的，它既没有开端，也没有终结，与其说它不是被创造出来的，毋宁说它始终存在，始终在运行。在宇宙运行的过程中，各种客观的机械法则通过《吠陀经》显示出来。《吠陀经》是天启的真理，其中不但包括用于唱诵，以便召唤法力的祷词，还有祭祀过程中的各种动作说明。这些仪式动作中的每一个举止、每一种语调，都是从吠陀雅利安时代流传下来的、未经任何改动的宝贵遗产。导师的职责不是批判、论断和阐释真理，而是不折不扣地传达其导师、导师的导师……传承下来的真理。在此意义上，导师应当成为一块仿若无物的透明玻璃。仿若无物的状态也是印度灵性生活的终极目标，婆罗门担负着使自己从仪式中消失的责任，因而也是地位最高的种姓。

印度宗教发展史上有一个特别有趣的时期，这就是公元前800年左右，《吠陀经》的思想开始在神学领域引发讨论。这也是《奥义书》逐渐问世的时代。促成转变的契机是这样一种认识：既然我们能够通过仪式支配诸神，那么我们的仪式就比诸神更强大；既然婆罗门知晓如何操纵仪式，那么婆罗门就比诸神更强大。由此推之，婆罗门是宇宙间最强大的生物。这种观念在印度社会至今犹存。借助这一假定，传统的印度情结仍在起作用。要是你不信，那就想想因反对宰牛运动而引起的各种骚乱吧。① 这些骚乱的根源，就是印度社会根深蒂固且不容忽视的传统主义和保守主义。

位列第二等级的种姓是刹帝利。刹帝利一词源自梵文词根 kṣat，意为“保护、防卫”，其职责与警察部门相似。刹帝利种姓都是些王公贵族，他们负责统治国家。该词通常被译为“武士阶层”，但我们并不会把伊丽莎白女王归入武士阶层。刹帝利其实就是贵族。他们的职责是根据婆罗门揭示的律法（这一点特别重要）来管理百姓。在此，我们可以再次拿它与《圣经》或希伯来传统作一个对比：《利未记》和《申命记》等经卷中的律法被认为是上帝的启示，而不是人为制定的。同样，印度刹帝利（贵族）据以统治臣民的律法也被认为得自天启。在这一点上，人类毫无选择。任何人都不能向下一届立法会议提出申请，控诉或要求修订某项自己不喜欢的法令。这些律法就像物理定律一样不容更改。

---

① 印度教将牛视为神圣，部分极端教徒主张严格禁止宰牛，曾数次引发社会骚乱。——编者注

西方人从古希腊人那里继承了一种观念，认为人类拥有的聪明才智，完全可以为自己确立审慎、高贵、合宜的生活目标，并制定出相应的法律以保障这些目标的实现。但这一观念其实既非源自《圣经》传统，也不来自印度教传统。传统观念认为，律法源于宇宙，或如《圣经》传统所说的那样，来自宇宙的创造者。这些律法被强加给人类，人类的职责是让自己适应这些律法，依循律法而活，而不是批判律法。人们从来不会质问："这是荒谬的，我为什么要这么做？"照着做就是了。谁要是在周六捡柴，那就砸死他。

这就是印度传统律法的运作方式：婆罗门负责研读启示，通晓其中的律法；刹帝利负责监督律法的实施。通晓启示的婆罗门，监管和保卫启示、确保律法得到遵循的贵族，这一切都是纯粹的"正法"（即职责）的体现。这其中不存在种姓歧视或个人意志之说，律法也不是社会契约的体现。

开车时，遇到红灯我就停下，绿灯亮了我就继续走；若我要闯红灯，我会睁大眼睛看看周围有没有警察（或其他车辆），这不是出于对全能上帝的畏惧——我不会触犯上帝的律法，也不会触犯宇宙的律法，但我会违反当地的惯例。这是我们的法律观：你违反的是人类共有或地方特有的惯例，而不是宇宙的律法。这种心理与《吠陀经》和摩西五经规约之下的心理极为不同。我们在讨论传统思想时要谨记这一点。

第三等种姓是吠舍。吠舍的词根 viś 是定居之意。拥有金钱和财富的吠舍是社群的主体部分，主要由商人、地主、银行家等构成。他们的职责是提升家族荣誉、扩大财富（也就是赚钱）。婆罗门为自己奉为真理的东西（也就是《吠陀经》中的真理）而活；刹帝利为正义而活，为公正地执掌权力而活；吠舍商人则为财富和富足的生活而活，他们缴纳各种税金和什一税，以供养王公贵族和祭司阶层。

上述三个种姓被称为再生族（twice-born）或雅利安（āryan）种姓。

Āryan 是个梵文词汇，意为“高贵”。印度教传统就是围绕这三个种姓形成的。

与再生族完全隔离的是首陀罗种姓。首陀罗的词根意为“受苦”，他们被视为另一种族，甚至是完全不同的物种。首陀罗包括手工艺者、农民和工人，以及人们所说的不可接触者（outcast）。他们被排除在雅利安传统之外，被视为全然的他者。首陀罗又分两等：地位较高的首陀罗，婆罗门可以喝他们的水；最低贱的首陀罗，婆罗门不能喝他们的水。为什么婆罗门不能喝下等首陀罗的水呢？因为这会使他受到污染。人们认为，这些首陀罗不仅社会地位低下，灵性也鄙陋得有如瘟疫，触碰不洁净的、也就是不能从其手中接水来喝的首陀罗，会使你的灵性受到污染。在我们看来，再生族之所以把首陀罗看作对自己生活的潜在威胁，无情地躲避他们，是因为他们把首陀罗当作具有传染性的麻风病人：首陀罗是灵性瘟疫的携带者。

我们前面讨论过印度的《摩奴法典》。“摩奴”（manu）这个词相当于“人”（man），也有“精神”（mentality）之义。摩奴是印度的原人（即最初之人）形象。《摩奴法典》中的一条法令曾让我毛骨悚然，该法令规定，若是首陀罗听到了《吠陀经》，即便是无意间听到，也会被处以重罚，他的双耳会被灌入滚烫的铅水。

《吠陀经》的名称表明，它的魔力如原子能的秘密一样具有两面性。婆罗门能够借助它们的魔力，将宇宙间的各种能量导入到社会体系中，但又绝不可把这种魔力泄露给下层民众。

在被英国统治之前，不洁的首陀罗要是进入再生者居住的村庄，定会被渴死。因为他不能碰村里的水，并且也没有任何人会给他水喝，因为没人知道该如何将水递给他。

要是这个首陀罗没有死去，那是因为他只是路过村庄而已。但即便如此，他也必须随身携带一个痰盂，以免自己的痰落到地上，弄脏大地。这真是太残酷了。

正法与存在

在西方人看来，上述情形是很不公正的，但印度人不这么认为。为什么呢？别忘了，整个东方社会思想的基础是轮回观念。轮回观念的核心是，在无数次的轮回转世中，我们反复进入一所特别的学校——宇宙的学校，尘世的学校，重生的学校，首陀罗、吠舍、刹帝利和婆罗门是位于该学校体系顶端的大学生，依次是大一、大二、大三和大四学生。这四个种姓之下，还有那些未能出生在印度的人，比如我们，就更不幸，还只是高中生；再往下是动物，虽然生在印度的动物要比我们这些人更幸运一些；继续往下，就是植物世界和初级的物质世界了。你周围的所有事物，包括这页纸张，你正在喝的水，你鞋底的鹅卵石，等等，都是处于上升途中的灵魂。想象一个汽水瓶吧，当你打开瓶盖时，气泡会往上冒，这些气泡来自哪里？要去往何方？谁知道呢，或许是去往虚空之境吧。但即便是在虚空之境，它们也还是会源源不断地往上冒。灵魂的气泡也是这么向上升的，从矿物气泡升为植物气泡，又从植物气泡升为动物气泡……整个宇宙就是一所教育机构，其中的每个生灵都在努力学习一门功课。

学习什么功课？这门功课名为“无我”（egolessness），你要学会清除鼓噪不安的“我”（I）。在梵文中，“自我意识”（ahaṃkārā）这个词的意思是“聒噪不安的我”。我在前文说过，在东方人看来，“我”（I）等于“我要”（I want），二者毫无分别。而在西方人这里，二者是有区别的：“我”代表自我（ego），而“我要”则代表本我（id）。在东方人的观念中，“我”就等于“我和我的”（I and mine），这是我的身体，我的思想，我的话语——人们要学习的功课就是如何摆脱这种意识，而不是树立这种意识。你现在应该明白了，首陀罗所要学习的功课就是借助四处流浪，不断抹掉关于“我”的意识。首陀罗遭遇的一切，其实是在尽己所能地学习，以使自己的生活符合宇宙的律法。

大学各学年间我们都会拥有能够享受一段美好的夏日时光的暑假，那些在过去一年表现良好的学生会找个地方度假。与之相似，人若能一辈子行善积德，学会了这辈子的功课，他也能去往某个地方度假。去哪儿度假呢？众多天国中的一个。至于会去哪一重天国，得视个人的功德而定。向往感官享受、追求欲乐（性爱的欢愉）之人，会升往如同天界后宫一般的天国；渴望沉浸于艰深思想之人，会升往思想的天国；渴望超越思想之人，则会升往超越于思想之外的天国。

但若哪个学生在过去一年里表现糟糕，那他就得去暑期班补习了。而一旦去了暑期班，等着他的将是一些极为严厉、粗暴的教授，还有他们的木棒，这可就是下地狱了。住在各重天国和各层地狱里的都是一些等着投胎转世的人，也就是人们常说的神明或魔鬼。换句话说，神与人类其实并不存在任何本体性、实质性的区别。

诸神只不过是等着投胎转世的善男信女，他们在天国里享受的是前世修来的善果。一旦花光上辈子的善果，他们就要返回尘世，重新开始另一次人生。只有在凡人的生活中而不是在天国里，一个人才能修成正果。

大学学习的最终目标是毕业，同样，人生的目的是在经过充分的学习后，从尘世的学校毕业，不再返回，消除自我，彻底成为纯粹的无我。西方人可能对这种观念颇感费解。在西方人看来，一个人身上有辨识度的个人特征和因素具有持久性和稳定性，它是你区别于他人的决定性标识。但丁、埃涅阿斯和奥德修斯进入冥府后，都能认出其中的亡灵。这些亡灵虽已摆脱俗世的名缰利锁，却无一例外地保持着他们在世时的个性特征。

要是你到印度教、佛教和耆那教的天国或地狱里走走，一定也能看到很多人，但估计你认不出其中的任何一个，他们也认不出你来，就算是你的父母或配偶的灵魂，也都不会认出你。虽然正是前世的生活把他们带到了那里，但他们已经忘却了前世的生活。他们是神，以神的方式生活，也以神的方式思考，正如我们是人类，只能以人类的方式生活、以人类的方式思考——尽管在若干年前，在前世与今生之间，我们也曾位列仙班，生活在某个天国之中。只是我们都已不记得了。当你下次再往升天国时，还是会彻底忘却今世的生活，不知道自己为什么会去那里。你最多会想："啊哈，我是神。"这种境遇的演变完全是客观的、不以个人意志为转移的。人在这过程中只是一个小角色，根本不存在什么个人特征。尘世学校全部课程的根本目的，就是要让学生领悟这种思想。

如果人一味地遵守种种规则，他的个性就难以得到充分的发展。我认为这点至关重要。我们不妨从心理学的角度讨论一下这个问题。自我（我）的作用是什么？这可以从两个层面来说。第一个层面是表达"我要"，这是单纯孩子气的自我。自幼儿园起，这个层面就开始受到"你应当"的压制。孩子们总是要这要那，而父母们则往往强调"你应当"如何如何。一旦"你应当"在个体身上获得内化，它就成了弗洛伊德心理学所说的超我。传统型文化的目标，就是要使个体从"我要"径直走向"你应当"，使个体成为当地律法的化身，也即种种"你应当"构成的体系的化身。

西方文化的理想可不是这样的。西方文化的理想是让幼小的个体在成长过程中不断形成自己的判断，发展成能自我负责、进行独立判断的个体。对于哪些事情会有利（或不利）于自己、朋友、国家和世界，他应当做出成熟的个人判断。在此过程中，他逐步学会控制自己的"我要"。

按照弗洛伊德的说法，自我往往处于割裂的状态，"我要"（本我）总是屈从于自我的调控。也就是说，我们鼓励个体发展一种具有创造性、批判性、自我负责的个性。"比利，你想要冰激凌还是蛋糕？巧克力味的还是香草味的？自己决定吧。""强尼，你要和苏珊还是贝蒂结婚？自己决定吧。"东方人就不会这样：不管喜不喜欢，你只能得到巧克力冰激凌；就算你从没见过贝蒂，也要同她结婚。在这样的社会中，具有批判意识的个性绝难发展起来。而东方人的理想是剔除自我（无我），一成不变地代代赓续传统。

履行个人职责的过程有一个专门的称呼，叫“正法”（dharma）。正法是印度教的一个核心概念，它来自梵文词根 dhṛ，意为“维系”。人履行自己的职责，就是在维系宇宙。宇宙是有生命的，太阳要履行太阳的职责，月亮也要履行月亮的职责，老鼠、猫、婆罗门、首陀罗，等等，都在履行他们各自的职责。只要每个人、每样事物都履行各自的职责，宇宙就能运转如常。人在遵循自己的正法时，也是在维系宇宙的正常运转。

大家应该还记得甘地的“非暴力不合作主义”（satyagrāha）吧？在梵文中，satya 的意思是“真理”，grāha 的意思是“紧握”，两部分合起来就是“紧握真理”的意思。satya 源自梵文词根 sat（塞特），而 sat 就是存在的意思。一个人履行了自己的职责，就代表他“存在”，“塞特”就是“他存在”。

sat 的阴性形式是 satī（萨蒂）。我们知道，这个词转换成英文是殉节（suttee）的意思，即妻子在丈夫的火葬堆上自焚。在丈夫的火葬堆上自焚而死的妻子才“是”真正的妻子，印度人不说这位妻子殉节，而说她“成了萨蒂”，她成为某种存在。任何没有履行个人责任的人都是非存在（a-sat），即“无”。人要彰显自己的性格，就应当使自己的行为符合正法，而不是宣称自己想做什么或自认为应当做什么。在我看来，印度人的一生就是一次殉节。

为了让大家更好地理解上述思想，我要讲两个小故事。印度的趣闻异事都十分生动，令人过耳不忘，它们总是能有力地阐明要义。

第一个故事与塞特（职责的履行）有关。这个故事形成于公元前 2 世纪，载于《那先比丘经》①。人们普遍认为，一个人只要能在一生中完美地履行自

① 《那先比丘经》（Milindapañha），佛教经典，产生于公元前 1 世纪的印度西北，论述轮回业报、涅槃解脱、灵魂观、佛身观等一系列佛教理论问题。——译者注

己的职责，就能施行魔法；他只要说“如果我一辈子真正做到了某某事，就请让某某事实现吧”，这时他所祈求的事就会发生。这叫作真理奇迹（Act of Truth）。

故事发生在公元前 3 世纪伟大的佛教皇帝阿育王当政时期。有一年，季雨频繁，恒河见涨，眼看就要淹到国都华氏城（Pataliputra），也就是今天的巴特那市（Patna）。皇帝来到恒河岸边视察汛情。全城百姓簇拥河畔，对皇帝呼喊：“河水涨上来了，这可怎么办啊？”

就在水位达到极为危险的高度时，阿育王对人群喊道：“你们中有没有人能呼唤真理奇迹，让河水倒流？”

婆罗门祭司们交头接耳，彼此询问，却无一人能行真理奇迹。他们这辈子之所以能降生为婆罗门，是由于前世修持完美，但在这一世，没有任何一人是修持完美的。

刹帝利们，包括皇帝本人，表现的不见得更好，吠舍们同样不完美。

人群中有一位年老的妓女，名叫频陀玛提（Bindumatī），她对旁边的人咕哝道：“我有一个真理奇迹。”

“啊！”一旁的人说，“频迪[①]，看在天神的份上，赶快用吧！”

于是，频陀玛提定下神来，诚心诚意地宣告自己的真理奇迹。毫无疑问，大家都能猜到，恒河果真开始倒流。

可以想象，在场的人定然都欣喜若狂。阿育王问起是谁施行了真理奇迹，众人回答说，不是别人，正是他治下最卑贱的子民频陀玛提。皇帝难以置信地呆立了好一阵儿。这是对宗教教义的嘲弄，人人都听说过真理奇迹，却没人相信它们真的灵验。皇帝离开宝座走到大街上，来到频陀玛提跟前，他用

① 频迪（Bindi），当为频陀玛提的昵称。——译者注

一连串的名字来称呼她："你这下贱、可恶的老娼妇，你是说你有一个真理奇迹？"

频陀玛提镇定而谦卑地答道："我是有一个真理奇迹，要是我愿意的话，我能把众神的世界搅得天翻地覆。"

皇帝一怔，又问："你的真理奇迹是什么？"

首陀罗频陀玛提答道："陛下，我是这么说的：如果我在履行职责的过程中，从没对那些有钱人、美男子或高种姓的人曲意逢迎，也从没对那些穷苦人、貌丑者、低种姓的人冷眼相向，而是一向按照他们所付的钱提供相应的服务，那就让恒河之水倒流吧。"恒河之所以听从她的指令，是因为她代表了纯粹的正法。"萨蒂"就是"她存在"，她摒除了自我，她是黄金，她不做论断，只是履行自己的职责。这正是印度人认为人应当具有的态度。

那么，频陀玛提完成使命之后，皇帝有没有说，"频陀玛提，你拯救了整座城市！来，让我们立一座纪念碑。请你坐到我的宝座上，今天你来做女王"？根本没这回事儿，这辈子都不可能。到下辈子，她倒是有可能当上贝拿勒斯[①]的女王，但这辈子绝无可能。她就是个首陀罗，她所做的一切不过是在履行自己的职责而已。老鼠不可能变成母狮，在讨论种姓制度时，我们务须记住这一点。不论个体处在什么样的位置上，只要履行了属于自己的职责，他就能分享宇宙的荣光与能量，并成为传输宇宙能量的通道。人们无法选择做什么事，都只能行分内之事，唯其如此，这瑰玮的宇宙才得以运转不息。

若你初到印度，目睹了那里的可怕景象，我的天，你定会对自己的所见所闻惊骇不已。那里的贫穷与肮脏远超乎我们的想象。然而，等你待上一段时间，等最初的惊骇慢慢平复后，你会慢慢领悟到印度社会中的和平与光辉。

① 贝拿勒斯（Benares），印度东北部城市瓦拉纳西（Varanasi）的旧称，印度教圣地，著名历史古城。——译者注

刘易斯·芒福德（Lewis Mumford）曾说："不论高低贵贱，所有生命均有价值。"[6]若带着挑剔的眼光看待生命，你就不能看出它们的价值；只有当你顺应、接受它们时，它们的价值才会凸显出来。这也是印度社会传统的观点。在印度人看来，一个人既然降生于特定的等级，那就应当接受它，履行相应的职责，不要说"哎呀，我本应生在那个等级的，我本应生在这个等级的，一定是哪个家伙骗了我，那家伙捞得比我多"，不能这么想，接受就是了。不要以他人的收获来衡量你的人生，而要看你是否真正经历了自己的人生。这种态度正是印度文化的荣光所在，它一度成就印度过去的伟大，也定会扶持印度熬过当前的恐怖。① 总而言之，"塞特"（存在）的理念是指：人承担自己的工作，成为社会性的存在，由此成为真正意义上的存在。印度人做到了，而且干得很出色。

另一个故事阐述的是自我之于正法的关系。这个故事要温和许多，它讲的是一位老师的轶事。在印度，老师是一份受人尊敬的职业，老师被称为古鲁。不过他们的古鲁与我们所说的老师区别很大。对我们来说（至少当前是这样），老师是这样一种人，他传授你知识，给你生活上的指引，帮助你渡过可能遇到的难关。而在印度，古鲁本身就是你的榜样，学生要向老师看齐，成为和老师一样的人。而老师本人呢，也要成为和他的老师一样的人。如此，个体中的自我消失了。老师的职责就是不偏不倚、不折不扣地传承理想，传承正法。

故事中，有个学生某日上学迟到了。老师说："你迟到了。你上哪儿去了呢？发生了什么事？"

"是这样的，"学生答道，"我来不了学校。我家住在河对岸。今天河水涨起来了，河上没有渡船，过河处的水又太深，所以我没能赶过来。"

---

① 此演讲发表于 1966 年 11 月 21 日，其时印度正处于第二次印巴战争战败恢复期。——译者注

“原来是这样啊，”老师说，“可你现在过来了。是渡船来了，还是河水退潮了呢？”

学生摇摇头说：“都不是，河水还是那样，也没有渡船。”

“哦，那你是怎么来的？”

学生答道：“我想到了老师。我心想，‘老师授我以真理，他是我的神，是我的先知，只要我默念着我的老师，就一定能蹚过河水。’于是我就这么干了。我心里默念着‘古鲁，古鲁，古鲁’，趟过了洪水。我就是这么来的。”

“啊哈，默念老师，我都不知道自己居然有此等神通。”老师心想。其实连他自己都没这么试过。

学生放学后，老师心里惦记着这件事。他寻思道：“我也要试试。我要看看是不是真有这么灵。”于是，他走到河边，确定四下无人后，看着湍急的河水，他想，我要试试。于是这个老师在心里念叨着“我，我，我”，抬腿下河……结果像石头一样沉了下去。

一个人能徒步蹚过河水，唯一的可能是这个人并不存在，他是纯然的精神（spirit）①，是风，在梵文中，它指的是“生命气息”（prāṇa）。故事中，学生心里默念的那位老师是真理的传播者，但在老师心里，他却是一个实实在在的“我”，而“我”是有重量的，自然会沉下去。

想要理解印度教，理解印度人的个体观念，首先要理解种姓制度，理解主张履行个人职责的思想。

---

① 作者此处还给出了拉丁文词语“spiritus”，有“气息”“生命”“精神”等义。——译者注

人生诸阶段

下面，我们要谈谈另一个更重要的主题——人生四行期（aśramas），行期为戒律（disciplines）之义，它们是人生各阶段所要遵守的戒律。根据印度教的设想，人生被一分为二，这是一种绝妙的观念，虽然我个人并不赞同。当你的第一批白发长出时，人生就已过半。按照传统的观点，人应当在村庄里、在社会中度过前半生，履行自己的社会责任；后半生则应住进森林中，修习瑜伽，以获得彻悟。

通过这种做法，印度人把献身社会和摆脱社会这两种截然相反的人生态度结合起来，以此获得一种内在性和绝对的超越性。在印度人看来，社会生活和我前面所说的一切相关修行都只是一种预备，都是在不断地削弱自我的力量。进入森林之后，人要彻底消除自我，或者说你得努力彻底消除自我。

人生的前半段和后半段又分别被划分为两个阶段。其中第一、三阶段用于学习，第二、四阶段用于实践。因此，人生的首个四分之一，即前十五年左右的时间被用于求学。这个时期是梵行期（brahmacarya），也就是“融入梵”的意思。

人生的第二个四分之一是家居期（gṛhastha），即成为一家之主的阶段。在该阶段，人们要步入婚姻的殿堂，家族或家族媒人会根据一个人的种姓为他挑选门当户对的对象，即便他此前与伴侣从未谋面。直至今日，仍可以在印度的报纸上看到征婚广告的栏目。所有这些准备活动，均由家族和媒人一手操办，男孩或女孩对整个过程一无所知。婚礼结束之际是决定性的时刻，新娘和新郎之间的帷幕被撤去，他们终于能够看见彼此了，哦，他是我的塞特，她是我的萨蒂。从今往后，这两个年轻人就会成为对方的“正法”。这真是一个决定性的时刻，特别是对妻子而言，难保未来不知哪一天，人们会要求她跳入眼前这个男人的火葬堆中，而不管他是怎样一个丈夫。

两口子就此组建起家庭。他们小心翼翼地履行自己的正法（职责），这些正法是由二人的种姓和家族义务规定的。一家之主的首要责任是生儿育女，这是孝敬祖先的责任，也是对自己被赋予的生命表达感恩。每个人都有义务将生命传续下去。

要是夫妻俩早早地承担起自己的责任，当他们三十出头时，大儿子便已长大成人，做父亲的就可以令他接替自己家居期的义务成为一家之主。此时父亲就该离开家庭了。因为男子一旦步入中年，就应当进入森林了。

这样的家庭具有极为浓厚的父权色彩。离家之前，父亲会举行一次隆重的典礼，将自己的正法（责任）传给长子。所有的仪式、婚礼、初夜礼等都非常隆重。借助典礼，个体与宇宙力量合一，虽然这种合一本来是客观的，但它却获得了某种宗教性的光晕。在这之后，父亲遵照古鲁或婆罗门的教导，进入森林。

后半生的前半部分（即人生的第三阶段）随之开始了。该阶段被称为森林修行阶段，即林栖期（vānaprastha）。一个人不宜过早进入森林，他首先得履行自己的正法，充分做好灵性方面的准备。事实上，首陀罗可能要度过下一世，乃至十世，才能完成灵魂的准备工作。与此相似，犹太人要等到四十岁成了家，对圣经和律法有了深入研究之后，才能开始钻研犹太教的神秘教义卡巴拉（Cabala）①。

于是，这位已经做好灵性准备的男人进入森林，师从一位古鲁。古鲁可能会传授他瑜伽，或者根据他的基础，提供一套适合其灵性水平的宗教训练；也可能只是送他一册《薄伽梵歌》；也可能会说，“在地上挖个坑，把自己埋进去，只把鼻子露在外面，待上两个月”。根据徒弟的准备情况和具体需要，这种宗教训练既可能采用最温和的形式，也可能采用最严酷的形式。

---

① 卡巴拉（cabala），早期犹太教内部发展起来的一套神秘主义学说。其教义与正统的犹太教义是对立的。希伯来文写作 kabbālāh。——编者注

这项瑜伽修行的目的是什么呢？当西方人开始关注东方时，总是对瑜伽怀有许多温情美好的想象，但实际上，瑜伽也可以暴虐凶残得令你寒毛直竖。迄今为止，一个人生活的绝大部分时间都是在履行自己的责任：摒弃自我，摒弃自我，摒弃自我。但生活中总有一些东西的确令人欣悦，也总有一些东西确实招人厌恶，总有一些记忆值得珍视，也有一些记忆令你痛苦。在修行终极瑜伽的过程中，人要抹去上述所有经验，以致最后再也说不清究竟是痛苦还是欢乐，也分不出令人作呕的恶臭与让人心旷神怡的芳香。一如俗话所说，分不清是黄金还是粪土。人甚至要耗尽体内细胞的所有能量以维系生命，他必须粉碎内在的生命，使之变得空无。这就是这项瑜伽的目的。这就是这项怪诞苦行的意图。在印度教的一些教义系统中，人们甚至以极端生理化的方式来理解这一点：一个人的确要真正扼杀自己的肉身，扼杀生命的意志，扼杀对死亡的恐惧，扼杀内在的一切。

佛教的目的是在心理层面打破生命对人的束缚：人不必真正杀了自己，只需要在精神上化为灰烬。就像商羯罗所说的烧过的绳子，它看上去仍像一根绳子，但只要稍微一吹，便空空如也。觉悟者表面看来仍是一个人，但其实他们早已不在，早已进入绝对的无我状态。人若能通过修行瑜伽达至觉悟，便是获得了解脱（mokṣa）。佛教把解脱之境称为“涅槃”，无风吹拂之地。

大家应当还记得《创世记》开篇所说，当上帝的风拂过水面时，生命之水的涟漪才会荡起；没有上帝的风，创造无从发生，世界也只是一片虚空。当人的内在达到虚空之境时，他就真正摒弃了自我。此时，他不再需要修行瑜伽，因为他已达到了瑜伽的目标，变成了一根烧过的绳子。尽管如此，他的肉身仍在活动，仍旧存在着，他变成了人们所说的遁世者（sannyāsī），一个云游四方的僧侣或圣人。印度有很多这样的人。虽然其中很多都是托钵僧，但也会发现其中有不少人是真正的遁世者。耆那教有两种圣人：一种是穿着裹尸布般的白衣的圣人，另一种是周身赤裸的圣人。在印度，一个人的着装代表了他的种姓，以及他在该种姓中的社会身份。赤身裸体则表明此人已超越了种姓，从此彻底不问世事。

用过晚餐，你会怎么处理剩下的饭菜？在没有冰箱，也没有垃圾车的从前，你可能会望向门口，因为那里可能恰好站着一两个瑜伽行者：若是裸着的，可能正伸着双手；若是身披裹尸布的，则可能会端着个碗。你把剩下的饭菜倒给他们，那正是他们想要的。他们已经履行了自己的职责，完成了人生的使命，如今不过是四处飘零的枯叶。

若你向他们讨教一些宗教方面的问题，有些遁世者可能会一声不吭，但另一些人可能会给你说法。有一点很重要：他们不是从理论上，而是根据自己的经验来说法。他们已经体验过印度教宗教生活的最高目标。在西方，牧师们（相当于印度的婆罗门）往往是依照自己读过的宗教经典来布道。印度遁世者的布道方式则完全不同，他们可能会从这些经典诞生的源头讲起。这些云游四方的苦行者为印度的古老传统注入了新鲜的血液。我曾遇见过他们，并与他们聊过。直至今日，他们仍在体悟着《吠陀经》诞生之时的真理。人们认为，遁世者与真理始源之间的内在关联是合理且不证自明的，任何人都无法否认这一点。要是我曾见过大象，那就没人能使我相信世间没有大象这种动物；同样，要是我曾有过解脱的经验，那就没有任何人能使我相信世间没有解脱这回事。遁世者们深知，解脱是存在的。在印度社会中，这些人构成了一股巨大的传统性、保守性的力量。

佛教：尘世之花[7]

佛陀的生平

民族宗教是人们生而归属的地方性宗教，与之相比，佛教则是第一个世界性宗教。有些人生下来就是印度教徒，也有些人生而为犹太教徒，但另有一些人则可以通过个人的选择或认信成为佛教徒、基督徒或伊斯兰教徒。佛教、基督教和伊斯兰教是三个世界性宗教，一个令人惊讶的巧合是，它们创立的时间依次相隔500年左右。佛陀的生平可追溯至公元前563年至公元前483年，耶稣大约生活于公元前2年或公元前3年至约公元30年，而穆罕默德逝世于632年。

作为一种历史现象，传统宗教（或民族宗教）经历了漫长的发展过程，它的教义是在社会历史进程中逐渐成形的。相较而言，每一种世界性宗教都基于一位宗师的悟道，其教义的精华就隐含在这位宗师（如乔达摩、耶稣、穆罕默德）的传奇生平之中。

佛陀的生平是我们理解佛教教义的重要线索，因此，我将会讲述佛陀生平故事中的几个重要转折点，并据此推出佛教的若干基本信条。就佛陀这样的人物来说，关于他的传说是否与历史事实相符，其实并不重要。事实上，这与历史毫不相干，而与教义的表达和象征有关。无论是基督教、伊斯兰教还是佛教，都是如此。不过相对而言，佛教更能体现这一点。

传说，佛陀诞生之时伴随着大量祥瑞，他的手脚都戴着金轮，头顶有个肉髻，等等；母亲的名字碰巧就是摩耶，小悉达多真真切切地自其右肋生出，落地即能走路。他的父亲是某尼泊尔小国的国王，这位国王曾让国内的一些仙人和占卜师根据这些异象预测这个孩子的未来。他们说："他要么成为普世之师，要么成为世界之王。"

父亲是国王，当然希望儿子未来能够继承王位，而不是做什么普世之师，于是着手采取种种措施，以确保悉达多有朝一日能够成为圣王。国王千方百计地防止儿子目睹或经历任何不快之事，以免这孩子感到烦恼或对生活产生怀疑。所以说啊，要是你想让年轻人在洞悉生活的真相之际感受到真正的震骇，这个方法绝对管用。国王将儿子托付给一群曼妙的歌女和年轻的姑娘，让她们小心地呵护着他，防止他遭遇任何不快之事。

大约 18 岁的时候，年轻的王子迎来了人生中的关键时期。有一天天朗气清，王子对仆从说："我想到宫外走走。"为确保儿子在外出的过程中不会看到任何不愉快的景象，国王命人清扫了街道，到处装点莲花一类的饰物。这位年轻人和车夫①驾车出行了，全城百姓纷纷跑到屋顶观看，毕竟这是他们的王子首次出宫游玩啊。

但是，神明有意让王子拥有一次非同寻常的经历，他们在王子的必经之路上安排了一个病人。这位年轻人问道："这人怎么啦？"车夫回道："哦，他生

① 一般认为，这位车夫名叫车匿，是悉达多太子的贴身仆役和车夫。——译者注

病了。”病人的形象使王子心生厌恶，于是他命车夫驱车回宫。

故事当然还没有结束。王子又一次外出了。在第二次出行途中，王子遇见了一位古稀老人，他问：“我也会变老吗？人人都会老去吗？”车夫颔首答道：“是的。”王子又一次感到厌恶：“要真是这样的话，谁又能真正享受生活呢？此生有何快乐可言？我要回宫。”

当然啦，他并没有一直留在宫里。他再一次出行了，而这次他遇上了一场葬礼，看到了死人，知道了死亡的存在。

在今天，我们会说佛陀遭遇了心理创伤，他有过一次创伤体验。在我看来，西方文学史上曾有一位作家是经历过此种令人脱胎换骨的震撼的典型，他就是赫尔曼·麦尔维尔①。麦尔维尔出生在美丽的纽约上州一个富裕农民家庭，他幼年失怙，去纽约跟一位叔叔一起生活。叔叔在一艘船上为他谋了份差事，他被带到了利物浦，一连串的灾难、疾病、痛楚、生活的落魄骤然袭来，他此后的人生我们也都知道。

未来的佛陀注视着那具尸体。凡尘之物华美的外表下隐藏着生活的丑恶、恐怖和残酷，这巨大的割裂使他大为震动。

后来，他又一次出行，遇见一位圣人。“他是什么人？”他问道。有人告诉他：“他是个圣人。他离家远行，四处求索尘世间各种困惑、痛苦及悲伤的解决之道。”王子说：“我也要成为圣人。”

现在，故事到了重要而有趣的地方。年轻的王子异常悲伤，舞女和歌女们千方百计逗他开心，而众神却故意让她们横七竖八地睡着了。忽然间，王子看到她们老的老、病的病、死的死，这就是著名的坟场异象（Graveyard Vision）。它也正是麦尔维尔曾经目睹的图景，死亡、衰败、落魄，这尘世生

① 赫尔曼·麦尔维尔（Herman Melville，1819—1891），19 世纪美国浪漫主义作家，擅长描写航海奇遇和异域风情，代表作有《白鲸》等。麦尔维尔一生潦倒，作品在当时大多也不受欢迎，直到 20 世纪 20 年代后才逐渐引起世人注意。——译者注

命固有的、无处不在的图景。

王子悄然起身，走到外面的马厩，对车夫说："我要走了。快快备马，我们这就走。"他们很快就出了王宫。大地诸神给马蹄套上了软垫，这样经过王宫的鹅卵石时就不会发出哒哒的马蹄声，也就没人知道王子的离去。那时，王子的儿子覆障（Impediment）才刚刚出世，但他还是离开了妻儿，策马出城。都城的守护女神施展魔法打开了城门。王子乘马越过溪流，进入森林，他举起王室佩剑，割掉贵族特有的发髻，向尘世诀别，向他的使命诀别，向他的社会地位诀别，向正法诀别，向责任诀别，向印度教徒视若珍宝的一切诀别。他将正法抛诸身后。

白马返回王宫，只是没了主人，最后悲伤而亡。自约翰·肯尼迪的葬礼后，"无人骑乘的马"这一母题才日渐为西方文化熟知。① 它实际上是印欧文化一个共有的母题。

没有骑手的马② 如同一具缺少精神指引的身体。它失去了主人，主人去了更高的国度。约翰·肯尼迪的葬礼浓缩了很多古老的象征，无人骑乘的马便是其中之一。

悉达多斩断了曾加诸其身的种种责任，开始从一个苦修林前往另一个苦修林。事实上，佛教徒对印度教徒的种种苦行很不以为然。悉达多走遍了这些苦修林，见识了瑜伽行者的各种疯狂行止，每见识一种方法，这位年轻人总是说："这不能获得觉悟。"

悉达多换了一个又一个导师。最后，他来到一片树林，见到五个圣人正在其中禁食。于是他也跟着禁食。大家应该见过形销骨立的印度佛像吧。最后，悉达多说："我禁食多日，瘦得有如枯木，手摩胸腹，能触背脊。在这种情形

① 约翰·肯尼迪（John F.Kennedy，1917—1963），第 35 任美国总统，1963 年 11 月 22 日遇刺身亡。——译者注

② 此处原文为"The horseless rider"，意为"没有马的骑手"，应有误。——译者注

下，人是无法证得觉悟的。”

这个情景与基督去见施洗者约翰（John the Baptist）的情景颇为相像。施洗者约翰是他那个时代启示运动中最伟大的一位先知，他就像是犹太教的瑜伽行者。耶稣找到他，由他施了洗后离去，进入旷野独居。大家知道，耶稣在旷野中成功抵制了魔鬼的各种诱惑，后来又回到人群中宣道。

未来的佛陀也是如此。“佛陀”是“觉者”之意，此时的他还不是觉者。他从人间的导师那里学习了所能学到的一切后就开始了自己的沉思。他离开了一同苦行的朋友，来到一棵树下静坐。一位可爱的少女来到他的跟前，这是当地一位非常富裕的牧人的女儿，她早已预知自己终有一天要给未来的佛陀送去食物，以使他恢复健康。少女用一千头母牛的乳汁喂养了一百头母牛，再用一百头母牛的乳汁喂养了十头母牛，又用十头母牛的乳汁喂养了一头母牛，最后将这头母牛的乳汁做成乳糜，拿来给佛陀。因此，这乳糜中浓缩了众多母牛的能量。少女用金碗盛了乳糜给佛陀送去，佛陀吃下后就恢复健康了。当他去少女家归还金碗时，她说：“既已给出的东西，我不会要回。”

于是，悉达多把金碗掷入河中，说：“要是这只碗没有沉下去，而是逆流漂浮，我就能获得觉悟。”无疑，金碗果然逆流漂浮。而他将要迎着生命之河逆流而上，直抵生命的源头，甚至还要渡达彼岸。

关于佛陀所要回溯的生命之源需要在此补充说明一下。《大森林奥义书》是印度教的伟大文献之一，其中记载了一个关于“存在之存在”的故事。“他”是世间唯一的存在，在某个瞬间，他说出了ahaṃ（我）这个词。这是世界创造的开始。但他刚刚说出“我”，完成对自我的界定和描述，就感到了恐惧。恐惧是成为存在、想象自我后的第一反应，关于“我”的心理活动引起了恐惧，他开始推理，进而想到：“既然世间除了我之外，空无一物，我有什么可畏惧的呢？”认识到这点后，他开始希望世上能够出现其他人。欲望由此产生。最初的恐惧及随之而来的欲望，恰恰都是伴随“我”的道出而产生的。接下来他做了些什么？他开始膨胀，将自己一分为二，化出男人和女人，最终造成了世界。这个故事有些类似柏拉图所讲的圆球人的神话。柏拉图认为，每个人都是被一分为二的圆球人的一部分，当我们找到自己的真爱、合适的配偶时，就能够恢复原初的整全性。与圆球人神话不同的是，《奥义书》是站在宇宙的层面来讲述整个故事，这是关于宇宙奥秘的神秘主义表达。

印度教是一种非常注重心灵的宗教，它以心理学的模式解释世界的由来。那位“存在之存在”一说出“我”，看哪，世界就骤然诞生了。悉达多试图借助相同的“我”往回溯源，超越由“我”和“你”构成的二元世界，进入“汝即彼”的世界。

佛教与印度教相似，而与西方的宗教不同，总体上是一种注重心灵的宗教。Buddhism（佛教）一词源于梵文词根 bodh，即“照亮”之意。如前所述，佛陀就是觉者，或者照字面理解，就是“觉悟的人”。悉达多所追求的正是觉悟。他要逆流回溯，跳出二元化的世界，进入无分别的超越世界，达成涅槃。故此，唯一重要的修行，就是消除关于“我”的意识。

如何做到这一点呢？这正是悉达多此时面临的难题。他决定找个地方坐下，好好思索一番。这位“准佛陀”来到一棵树下。这是一棵菩提树，又称“觉悟树”，它屹立于宇宙的不动点，即 T. S. 艾略特所说的“这个旋转世界的静点”。[8] 何为不动点？不动点就是我们灵魂深处某个不会因恐惧或欲望偏移的所在。人们从地理学的角度将它构想成位于世界中心的某个地点。

悉达多走到菩提树的北面，仰望苍穹，发现它像一个巨大的车轮，他说：“它不是不动点，它只是无常之地。”然后他走到西面，看到了同样的景象。他又面朝南方，还是同样的景象。最后，他走到东面，宇宙万物终于安定了下来。

东方是日出的方位。面朝东方，我们每天都能看到新的光明。纳瓦霍人小木屋的门之所以总是朝向东方，正是基于同样的理念。基督教把每周的庆祝日设在星期日，将其作为每周的第一天，而星期日是太阳日，它代表新的律法、新的一天、新的光明。希伯来人则庆祝星期六，即土星日，它代表旧日。这正是基督教要将庆祝日从星期六改到星期日的原因。土星是沉重之星、负荷之星、障碍之星、律法之星，如今我们要打破它。同样，佛陀之所以要超越二元化的世界，就是要打破印度教的正法。这两种宗教传统传达了完全相同的理念。

静坐于菩提树下的悉达多与沙漠中的耶稣一样受到了诱惑。诱惑者是谁？诱惑者就是那位首次说出了“我”的神。此时，推动万物的世界之主先后化身为两种形态来到佛陀跟前。这就是所谓的“迦摩－魔罗的诱惑”（Temptation of Kāma-Māra）[①]。

第一种诱惑者的形态是欲望之主迦摩。迦摩有三个绝色女儿“渴望”“满足”和“懊悔”，分别代表未来、现在和过去。他让三个女儿来到佛陀跟前，极力引诱他。但佛陀不为所动，因为他并不在“那儿”。他早已摆脱自我生命的束缚，与纯粹的意识走向合一，不再拥有“我”的意识。因此，他也不再拥有“她们”的概念。此处空无一人。此处空无一人。

三位少女非常失望。我们不知道她们当时说了些什么，但她们的父亲迦摩随后又化身为死神魔罗。迦摩和魔罗分别代表欲望和死亡、色欲和恐惧。正如我的亡友海因里希·齐默尔所说：“欲望是诱饵，死亡是鱼钩。”若你无欲无求，死亡便难奈你何。此时，那位道出了“我”的神在佛陀面前现出魔罗相，他拥有可怕的面孔，长长的獠牙，挂着一根由 72 个骷髅串成的项链，数量颇多的手上各执兵器。魔罗驱遣自己的妖魔部队，向静坐在菩提树下的佛陀发起进攻。他们朝他掷出各种兵器。但遗憾的是，菩提树下空无一人，兵器到达那片空无一人之域时，立即化作礼敬的花束。

① kāma 是欲望，在古代印度文学中，kāma 代指所有吸引力和愉悦。魔罗（Māra），又称魔，佛教神话中的恶魔，指夺人生命且障碍善事之恶鬼神。——译者注

最后，攻击者化身为正法，也即责任之主。在世间，能够束缚我们的东西有三样：一是弗洛伊德所说的欲望，二是阿德勒和尼采所说的恐惧和好胜心，三是牧师和社会学家所说的责任。佛陀所要打破的就是这种种束缚。化身为责任之主的诱惑者质问佛陀："你为什么还坐在这里？你身为王子和统治者，为什么不去履行自己的责任？"佛陀沉默不语，只是用手触摸了一下大地（我们在佛像上能够看到这个姿势）。大地本为世界之母，是无所不包的宇宙，她大声喝道："这是我的爱子，他经历了无数次的生死轮回，毫无挂碍地舍弃了自己，他在这个位置上当之无愧。"

于是，责任之主所骑的大象礼敬佛陀，妖魔部队作鸟兽散，天光渐晓，佛陀终于大彻大悟。觉悟意味着世界的开启。这种感觉令佛陀感到眩晕，于是他在原地继续静坐七日。七日后，他站起身来，缓步徐行，对着静坐之处凝视七日。此后，他又在菩提树下徘徊七日，融会心得。最后，他又走到一棵树下静坐，心想："它没法传授。"这就是佛教的首个教义：佛法不能传授。任何经验都无法传授，能够被传授的只是通向某种经验的方法。就此而言，佛教的精髓是内在于我们的某种东西，它只能经由我们的经验而获得证知，并不能像一件包裹那样交给我们。佛陀刚刚领悟到这点，因陀罗和梵天这两位古老的吠陀大神就从天而降，对他说："你去传法吧。"

他说："为利益天下苍生和天上诸神，我去传法。"不过，他所传授的并不是佛法本身，而是通往佛法之路，也即中道（the Middle Way）。中道是介于一切对立之间的道路。第一种对立发生在否定尘世、极端苦行的道路与肯定尘世、极端享乐的道路之间。佛陀选择的是介于二者之间的道路。大家应该还记得，他是在重新进食之后才证得觉悟的。就此而言，佛法乃是一整套的方法，其中的每一种方法都被称为"乘"（yāna），也即渡船，从河流此岸通达彼岸的渡船。在河流的此岸，欲与惧、生与死、爱与憎、为与不为等种种对立，以及人与人之间的明争暗斗，时时困扰着我们。这就是尘世之道，除此之外别无他途。就像佛陀年轻时无法接受这条道路一样，若你无法接受它，又该怎样突破呢？

从一些权威文献来看，佛教表述基本教义的方式与印度医者的诊疾方式颇为相似。印度医者首先会问："患了什么病？怎么回事？"这是第一神圣问题，其答案是第一圣谛："众生皆苦。"我们还记得，青年悉达多目睹的人生诸苦就是病、老和死。医者要问的第二个问题："这病能治吗？"若不能治，一切折腾都是白费。针对该问题的回答是第二圣谛：这病无疑能治，人是可以从痛苦的轮回中解脱出来的。第三个问题："何为健康？我们要达到什么样的疗治效果？"践行佛教的目的，就是摆脱痛苦，进入涅槃。大家知道，涅槃的意思是熄灭，但从字面意思来看，这个词可以翻译成"无风吹拂之地"或"无风之境"。佛教是通往彼岸的渡船，彼岸将不会再有表象世界的二元之风。我们告别充满恐惧、欲望的此岸，搭上佛家之"乘"（渡船），去往没有二元对立的彼岸。因此，终极领悟便是当我们登临彼岸，回望此岸时，由于我们已经超越了二元对立，于是就有了一个奇妙的发现——此岸彼岸，并无分别，尘世即涅槃。这才是佛教的要义。正如托名《多马福音》的《诺斯替福音书》所言："父的国度已经遍满大地，只是人看不见而已"。[9]

佛陀的启示朴素而深刻：我们要试着愉悦地分担世间的苦难。

在西方，这一悖论是通过基督受难的形象阐发的。对于基督受难，可以有两种理解。其中一种理解比较流行，即把基督的流血与受难看作是人类受苦的象征。另一种看法则将其视为基督得胜的象征。你看那十字架上的基督，他双目有神，头颅高昂，长袍着身，他自愿奔赴十字架，毫无痛苦，而是在愉悦地分担世间的苦难。这就是对基督受难两种截然不同的理解。我们也可以认为，其中一种代表奴隶精神，另一种则代表主人精神。佛教一贯秉承的是主人精神。

佛陀和基督的生平和神话构成了非常有趣的对照。这种对照令我着迷，让我尤其想弄清二人的故事究竟是以何种方式传达了东西方对于生命与重生的不同理解。

在包括黎凡特地区和欧洲的西方，四季相对分明。四季交替是神话和艺术的一个重要母题。西方神话和艺术最关注的是时间、死亡与复活，而不是轮回转世。在此背景下，死而复活的神灵是非常重要的一类神明。这一现象有着极为古老的历史。美索不达米亚地区的塔木兹就是一位死而复活的神祇，埃及有奥西里斯的系列故事，希腊有阿多尼斯的故事。当然，福音书中也有此类神话。这类神祇均与月亮的力量密切相关。他们的重生往往与春分前后的满月现象有联系。

印度属热带丛林地区，诚如歌德在谈及梵文戏剧杰作《沙恭达罗》（Śakuntalā Recognized）时所说的，“在那里，你能同时看到锦簇的花团和累累硕果”。在印度，四季更替很不分明，每个季节似乎都差不多，没什么太大变化。因此，印度人更关注静止。在欧洲人的救世主中，我们看到的是对流逝的时间的强调，对死亡与再生交接之际的转折的强调。而佛教强调静点。我们知道，佛陀摊开双手、摆脱尘世，就相当于基督受难。佛陀也是在弃绝尘世，去往天父那里，虽说他是在心理层面而不是在肉身层面这么做。佛陀弃绝了肉身所在的尘世，随后又带着最新收获的智慧返回人间，惠赐凡尘，这也与复活节里基督的复活形成了对应。复活节对应佛陀即将涅槃的时刻，佛陀触摸大地对应基督受难，但结果怎样呢？西方人突出的是痛苦的一面，而佛教不是。

说到那些自愿返回世间的菩萨（如阿弥陀佛），基督与他们的关联就更为密切了。菩萨满怀欣悦地分担尘世的痛苦。若你要找寻愉悦地分担尘世痛苦的典型，那么基督的受难及最终得胜可为一例。保罗《腓立比书》中有一段相当精彩的话：“你们当以基督耶稣的心为心。他本有神的形像，不以自己与神同等为强夺的。反倒虚己，取了奴仆的形像，成为人的样式。既有人的样子，就自己卑微，存心顺服，以至于死，且死在十字架上。”[10] 这段话的意思是说，基督出于对尘世的爱而来到人间，欣然分担人的痛苦。这意味着基督也在承受着我们每个人的痛苦。我们的痛苦与他的痛苦密不可分。不过，官方认可的各传统之间的本质区别是，基督具有独一无二的神性，而人的身上没有，只能通过模仿基督来分有神性。

而在佛教看来，我们每个人身上都有佛性，只不过由于我们没有意识到这点，所以不能像佛陀那样行事。

如前所述，大雄是佛陀的同时代人，佛陀不认同耆那教注重肉体层面的苦行教义。在他看来，耆那教想要单纯从肉体上摆脱尘世的想法是完全错误的。真正的问题是心理层面的问题。

佛陀这一思想形成于公元前500年左右。那是一个至关重要的时期。悉达多·乔达摩·释迦牟尼说，人吃不吃肉并不重要，走路会不会杀死别的生灵也不重要，真正重要的是内心的态度。在行动过程中，一个人是怀着对结果的期待或恐惧，还是仅仅是出于责任？在佛教中，这就是著名的业瑜伽——不怀期待或恐惧地行动，只注重行动过程。

渡船

“乘”有许多种，它们都是佛家通往觉悟的不同道路。这些道路是怎么来的呢？我们可以把它们想象为不同的轮渡码头，人们将从这些码头出发。比方说，可以把尘世看作是北美洲的大西洋海岸，海岸上有众多港口，你可以从这些港口中的一个出发驶往彼岸。有哈利法克斯港（Halifax），有波士顿港，有纽约港，有巴尔的摩港。每个港口均可视为一方佛土、一种从属于特定心理类型的模式和态度，适合成为不同人的出发地。新英格兰人若从马里兰港出发，估计不会感到舒适，而纽约人若选择从新斯科舍港（Nova Scotia）出发，大概也不会觉得愉快。

第一条道路是上部座佛教（Theravāda）之路，也就是我在讨论耆那教时提到的僧侣运动的道路。它也被称为“小乘”（Hinayāna，即小船）之路，因为它提倡僧侣式的苦行主义。[11] 小乘佛教属于僧侣佛教，这些佛教徒将此岸和彼岸截然对立起来，意在竭力抵达彼岸。为此他们必须抛弃尘世、放弃家庭，就像基督徒要进入修道院，成为修女或特拉普派（Trappist）修士那样。他们还要改名易姓，变成完全不同的另一个人。

这一派信徒说：“是的，众生皆苦，我们现在就要远离俗世了。我们要到森林中去，做一个六根清净的和尚，那样多快活。我们要把俗世甩在身后，永别了，愚人的世界。”这也是它被称为“小船”的缘故，它是为那些渴望抵达彼岸、永驻彼岸的少数人预备的。这是最早的佛教，不过它只在今天的斯里兰卡、东南亚一带传承了下来。

但是，当你抵达彼岸，发现彼岸与此世并无分别时，该怎么办呢？佛教的另一条道路被称为大乘（Mahāyāna），意为“大渡船”。它是一艘人人皆可搭乘的大船，能将我们运抵彼岸，而后又把我们带回俗世。这派佛教传统中曾出现过一位了不起的人物，名叫观世音菩萨（Avalokiteśvara），在中国也称观音（Kuan-yin），在日本则叫卡农（Kannon）。观世音菩萨是菩萨的原型，这位菩萨已经证得觉悟，却没有舍弃人世。他（有时作“她”）常常头戴一顶代表王权的宝冠，为世人讲经说法。观世音菩萨在临近大彻大悟之际，听见整个世间都在哭号：“你要是舍我们而去，我们就再也无缘得见涅槃了。”于是，他留在了人间，没有离去。因此，他又被称为“观世音”（the Listening One）。可以认为，我们每个人都有着这位观世音菩萨、这位悟道者和导师的不同侧面。因为在人们交往的过程中，我们都在启发彼此，也就是说，我们都在以菩萨的方式行事。

在整个远东地区，这位大菩萨的塑像随处可见，他被塑成优雅的观音形象，满怀慈悲地俯瞰众生。正是慈悲之心把我们带到世间，让我们同情待人，对他人的痛苦报以怜悯。我们感到人世的痛苦无处不在。我们看到，芸芸众生一方面觉得自己深陷痛苦，另一方面却沉湎于欢乐。事实就是，此岸即涅槃，我们每个人都为欢乐所激励，我们因此才会存在，生命才会存在。

《般若波罗蜜多心经》（*Prajñāpāramitā Sūtra*）是一部非常重要的佛教经典。它篇幅很小，只有一页半的样子，内容异常简明，最末一句经文可谓是整个大乘佛教精义的浓缩，这句经文是："揭谛！揭谛！波罗揭谛！波罗僧揭谛！菩提萨婆诃！"意思是："去吧，去吧，快到彼岸去吧，快快登上觉悟的彼岸吧！"哈利路亚。

这句经文囊括了宇宙万象。"般若波罗蜜多"指彼岸的智慧，这是一种超越二元对立的智慧。试图摆脱生命、进入涅槃之人，其实仍旧受困于对立的二元之中。但当人抵达彼岸时，就会立即发现，此岸即彼岸。

阿弥陀佛（Amitābha）是佛教中另一个很重要的形象，他曾在《西藏度亡经》中出现过。Amitā 是"无量"之意，bha 是"光明"之意，因而阿弥陀佛就是无量光佛。这支佛教可能在 2 世纪或 3 世纪左右兴起于印度北部，后从该处传入中国和日本。这位未来佛在临近觉悟之际发了一桩誓愿，他说："若我成佛，愿天下众生念及或思及我名，即可证入涅槃，若不尔者，不取正觉。"果然，当他悟道之后，眼前突然涌出一个大水池，池中长满莲花。这就是净土（Sukhāvatī），安乐之国，极乐世界。

一个人只要默念阿弥陀佛，死后就能免于转世之苦，还能在极乐世界中拥有一朵属于自己的、可以安坐其间的莲花；但如果他一生作恶，即便时时念叨阿弥陀佛，他的莲花也会闭合，且会闭合很长时间；若他能过一种灵性生活，莲花就会处于半闭合状态。无论何种情形，莲花都已含苞待放，不知会是什么力量促使它开放呢？神奇的池子中净是这样待开的莲花。阿弥陀佛本人就坐在其间。在中国、日本的神龛及古代印度的许多神龛中，均可看到他的塑像。莲花在他太阳般的光芒的照耀下金光闪闪。别忘了，bodh 就是“照亮”的意思。他的光明倾泻下来，使池水现为五彩，正如人都由五种元素构成。池水随歌荡漾，咏唱着伟大的佛教教义：“诸行无常，诸法无我。”这就是佛教的基本冥思。

影像由烛光投射而出，当下瞬间的烛光还是上一秒的烛光吗？赫拉克利特说，人不能两次踏进同一条河流。同理，我们的身体也瞬息万变，体内的每一个细胞都在变化，除记忆之外，还有什么事物是恒常不变的呢？

佛教的基本思想是无我，因而世间没有什么人等着被拯救。人的形象就是个幻影，是思维活动的产物。而人却把幻象当作了真实。但幻象就是非存在，它并非真实存在。绝妙的《心经》（*Heart Sutr ā* ）说：“色即是空，空即是色。”尘世即涅槃，涅槃即尘世，因此不必烦恼，世间本无事。加入这出跌宕起伏的宇宙大戏，尽情感受它的欢乐、痛苦与恐怖吧。与此同时也当切记，正是这根本的空（śūnyatā），这彻头彻尾的空，使你与万物融为一体，因为万物也是空。

可以看出，这派佛教提倡一种质朴的虔信，认为人无须进行过多的思考。我们知道，佛陀可是在经历了艰难的苦行与严峻的考验之后才获得觉悟的。而这派佛教却比较容易践行，只要人们在内心虔信诸神即可。它是一种大众化的佛教，相当于印度的大众崇拜模式。礼佛之人自己心里也清楚，他们所敬拜的佛其实并不存在，因为一切皆空，佛只不过是每个人自身内在佛性的投射。在冥想佛、皈依佛的过程中，人们不知不觉放下了对无足轻重的自我世界的执着。

这种情形有如基督教传统所说的，人安息在上帝怀里，心无挂碍。人将自己毫无保留地托付给神，托付给宇宙的奥秘，相信那奥秘会扶持你而不必知道它为何及如何扶持你，亦不必让内心的存在被照亮，只需做出已被照亮的姿态，假装知道自己什么都不是就行。这就是伟大的阿弥陀佛。

12 世纪，这派佛教由法然大师传入日本，并成为后世净土宗（Jōdo and Shinshū）的基础，在当代日本拥有绝大多数的佛教信众。

那么，人要如何供奉阿弥陀佛呢？如何发动渡船驶往彼岸呢？一个人若要供奉阿弥陀佛，无须冥想，也无须专门去庙堂，只需履行好自己的人生职责就行了。你的整个人生便是一座庙堂，子女就是你的事业，做好这项事业，你便可功德圆满。这是一种非常具有吸引力的奇妙教义。或者可以认为，整个尘世都被转化成了一座修行的圣所。这种修行不会令人担惊受怕，它只要求人恰如其分、心平气和地履行好自己的人生职责。

不过，这种教义遭到了另一些更注重个人努力的人的反对。大家知道，有些人就是认为凡事不宜太过容易，他们主张一种要求高度自律的修行方式，日本禅宗就是代表。zen 这个词是汉字“禅”的日文发音，而汉字“禅”是梵文词语 dhyāna（意为“冥想”）误传的读音形成的文字。人们通常认为，禅定是一种要求高强度训练的修行方式。前文谈到的昆达里尼瑜伽，旨在使能量之蛇沿着脊柱上行，就是一种心理与精神层面的训练。日本禅宗的目的，就是要通过精神层面的训练转变人的体验模式，从而运用佛陀亲自践行过的方法，真正达到佛陀所证得的觉悟，而不是仅仅端坐于神龛之中，动动小嘴，念叨几声“阿弥陀佛”，便幻想着有所收获。在禅宗那里，人需有所付出，方能有所收获。

所有这些冥想方式都是从印度流传到中国的。在印度，冥想有着极为悠久的历史。1 世纪左右（一般认为是在公元 67 年），佛教传入中国。在随后约五百年间，中国的佛教徒一直致力于将佛经从梵文译为汉语。与宗教信徒常有的情形一样，中国民众也越来越热衷于崇拜、仪规、经文意义等其他细枝末节。后来，有位名叫菩提达摩（Bodhidharma）的印度佛徒来到中国，他面壁而坐，长达九年，一句话都没说。

在禅宗看来，人们要想修得正果，不能单凭毫厘不爽地念经、礼佛、持斋等仪规，而首先要实现内心的开悟。唯有内在发生转变，才会获得真正的觉悟。禅定是最重要的一项训练。它是禅宗的入门功课，修行方式恰与阿弥陀佛派相反，后者强调静坐及仪式、熏香和佛像等因素，而在菩提达摩派里，人将不再受各种繁文缛节及其他外部牢笼的束缚，而只需要修心。

不过，这种想法不太契合中国人的精神。关于中国人的精神，大家应该有所了解。在《西方的没落》这部世界史著作中，斯宾格勒称中国文化具有一种漫游精神。

因此，中国人与这派佛教发生了冲突。我要讲一个发生在 713 年前后的故事。故事的主人公是颇具传奇色彩的慧能法师。正是由于慧能的发扬，佛教变成了东亚的宗教，而不再是印度的宗教。虽然这个故事仍旧是传说性的，但它常被认为是一个真实的故事。慧能是个农家男孩，他幼年失怙，靠在周边打柴卖给当地人家来养活母亲。有一天，他又去送柴，在门外等候时，听到里边有人在诵读《心经》。当听到“诸法皆空，色即是空；无我，无有，无云，无世界”[①] 时，豁然开朗。

于是他把老母亲和一切俗务抛诸脑后，入寺当了和尚。但他连汉字都不认识，更不用说梵文了，便被寺庙里的人安排进了厨房。

小和尚们由寺庙的住持统一管教，但住持年事已高，需要将位子传给新人。于是，他举行一个小小的选拔赛：谁能用四句诗概括佛教的精义，最为充分地阐述佛理，谁就能成为下一任住持。庙里有个很有才华的年轻和尚，大家都认定他是住持的传人。他在墙壁上写道：

身是菩提树，
心如明镜台。

① 此处与《心经》原文有出入，疑作者有所改动。——译者注

时时勤拂拭，
勿使惹尘埃。

从厨房出来的慧能，让朋友把墙上的诗念给自己听。听罢，他又让朋友替自己题了下面这首诗：

菩提本无树，
明镜亦非台。
本来无一物，
何处惹尘埃？[12]

这就向最根本的教义更进了一步。次日清晨，住持出来看时，发现全寺上下都在窃窃私语。谁都不知道墙上那首诗出自谁人之手。住持佯装生气，脱了鞋子，把诗擦掉。小和尚们在狐疑中度过了一整天。晚上，住持把慧能叫到跟前，说："你过来。我把本寺住持的衣钵传予你，带上它们走吧。"

要是这班小和尚的宗教以这种方式被颠覆，由此大彻大悟，他们的修行会怎样呢？但这些小和尚还没做好相应的准备。这个故事想要说明的是，修行不能只靠打坐，打坐不是修行的全部，我们还要行万里路，在行住坐卧中证知明觉，在日用常行中获得开悟。

在我们解读禅宗思想的过程中，总会发现一些特别令人困惑的地方：慧能的故事被作为禅宗的典范一遍遍地讲述，还有那位面壁打坐九年的祖师菩提达摩的故事。再有，当你前往日本当地的禅寺，你猜会看到什么？你会看见一排排衣着简朴的小和尚，以极端严谨的冥想姿势端坐其中。这一切都该如何理解？

禅宗传入日本后吸引了哪些群体？它变成了武士、骑士和武僧的佛教。这一点可以成为我们理解日本禅宗的重要线索。与中国禅宗相比，日本禅宗是武士和运动员的宗教，是一种致力于艰苦修行、保持良好竞技状态的宗教。中国禅宗的理想是培养老顽童——一个富有智慧，却以滑稽的态度面对生活的老家伙。然而，日本禅宗的理想却是培养纪律严明的武士，以便保持一种状态良好的生活方式。

我在日本参加过很多次为我和我妻子安排的茶道。第一次茶道是在信州（今长野县）的一座寺院中举办的，为的是向我解释大众佛教与禅宗之间的差别。[13] 我想给大家讲讲他们通过茶道展示出来的二者的差异。有些人认为茶道很容易掌握，但它其实涉及名目繁多的礼节。比如，茶杯本该放在指定的位置，而你却放到了另一个地方，这种行为就和穿着雨靴朝觐英国女王一样不合时宜。在茶道训练的过程中，即便是最细微的变更和差异，都会导致流程出错，都是一种失礼。

你先会被带到一座别致的小庭院坐下，桌上有两个盒子，里边的茶碗已被取走，你可以随意打量这些用具。用茶时间一到，会有人唤你进去。你信步走向专门用来喝茶的精致茶室。通向茶室的门廊又低又窄，进出不易，但你得学会得体地出入其间。这是在教人学习谦卑，把一些（世俗的）东西留在茶室外面。它真是一条不易穿行的通道，但却是另一个小天地的入口。

穿过通道，你便走进了一个专为茶道而设计的、非常雅致的小房间。房间的设计者正是茶艺师本人。茶室的柱子是一根古朴典雅的木头，为此主人大概搜遍了整个世界。那根柱子是茶室内部的主要部件，既给人以浑然天成之感，又留下了无形的人工痕迹。

茶室内有一小橱架，上面摆着些小玩意儿和一个小盒子。这些东西都没什么实际用处，却又是必要的物什。它们明明摆在那里，却又好似空无一物。在此之前，你还从没想过有什么东西能够以这样的形式存在。这其中定然包含一些玄机。壁龛上有一些挂饰，就一两件，同样没什么实用性。室内摆设不会很杂乱，就只是一两件小东西，关键在于，每样东西都被简化到只剩下美的精华或只剩下摆设的作用。这是你要留意的一点。

茶道正式开始。你会先吃一块儿小点心，然后接过一份奇特的茶粉，并将它倒进茶碗，再用一把长柄勺加入开水，而后用一把有点儿像剃须刷的竹制小茶筅搅拌茶粉，直到起沫，再来你就可以啜饮这可口的饮品了。茶味有点儿苦，不过等你慢慢喜欢上以后，它就变得好喝极了。喝完后，你要以特定的姿势放回茶杯。

我从自己用过的两个茶碗中得到了一些启发。其中一个出自大众化的净土宗信徒，那是个小巧的陶瓷碗，碗身略带灰蓝色，碗沿为深蓝色，釉彩看上去有些剥落，相当厚实。茶碗几乎有我的小拇指厚，但摸上去却很柔滑。在这种茶碗中，你能感觉出它们的实在、活力和温暖。这也正是大众佛教给人的感觉。而出自禅宗僧人之手的茶碗，虽薄如蛋壳，却同样十分结实。这种碗摸上去很粗糙，有些磨手。碗身涂着一层好看的棕黄色薄釉，朴实紧致，就如茶道一样给人一种紧张的感觉。不过，茶会本身其实是很放松的，或许正是由于喝茶过程中的紧张，才有了茶会后的放松。

我突然明白了一点，禅宗最重要的理念，就是要让你在整个一生中，对待每件事都能像巅峰时期的运动员一样，保持良好的竞技状态，这样你才不会像居家邋娃的人那样松弛懈怠。自那以后，我用各种方式证实了这一点。大部分时间里，一个人都要像运动员和武士那样，保持高度紧张的生活方式。这就是柔道、剑道（日本剑术）和弓道（射箭术）均可成为参禅方式的原因。

总之，一个人尽可以尝试佛教的各类修行方式，既可以选择菩提达摩所代表的苦行禅，也可以追随艰苦的、竞技式的步行禅，即日本禅宗之路。在这二者之间，你还可以追随阿弥陀佛所倡导的轻松而温暖的生活方式。不论选择何种修行方式，它们都是通向佛陀之路。那么，你为什么选择了这种而不是那种，或者选择了那种而不是这种修行方式呢？答案是因为你喜欢。此间不存在任何形式的强制。关键在于要认识到，无论你做什么、看什么，它们都是通向佛陀之路的开始。

在我看来，佛教最重要的一则故事是佛陀坐着说法的故事。当时，一大群人围在佛陀身旁，佛陀沉默着拈起了一朵花，就只是一朵花。人群中只有一人[①]领悟了佛陀的用意。对这个人而言，那朵花本身便足以引领他走向光明。但现场其他人还身陷黑暗之中，于是佛陀就说起了法（即伟大的《华严经》），来阐明自己的意思：人生微不足道。人生毫无意义。人生的意义要由人自己来赋予。如果一个人想让自己的人生有意义，那就去寻找意义，但生活本身并无意义。意义是一个（抽象的）概念，代表人即将奔赴的某个终点。在佛家看来，尘世即是涅槃。

佛陀被称为如来（tathāgata），即“从如是来者”。佛陀拈起的那朵花也是如来，从如是来者。在世人心目中，佛陀常常是凝视着一朵花的形象。那朵花是尘世的化身。那朵花就是一朵花，就是我此刻正凝视着的花。有人认为花代表某个终点（彼岸），但这种解释并没有揭示花的神秘本质。花的神秘本质恰在于它存在着，你可以说，它被宇宙之海环绕，而人无法看见大海以外的地方。

佛教注重对生命真实的开启和领悟，让人意识到尘世即涅槃。你便是涅槃，而涅槃是空。这是一种难以言传的认识，因为言语本身表明，尘世是有意义的，只不过需要你去发现它。这也是为何佛法不能传授，而只能将人向佛法引领。

其实，前述各种修行方式都只是为了将人引向佛法。我在日本认识两位佛教徒，其中一位是修持小乘佛教的缅甸和尚，另一位是个信奉大乘佛教的生意人，他也是个日本俗家弟子。有一天，我们三个人共同出席了一场鸡尾酒会。

---

① 此人是摩诃迦叶，佛陀十大弟子之一，是众弟子中最无执着之念者。——译者注

酒会期间，我去找那位日本人，发现他正在听人谈论僧团佛教。当时他正一只手端着一杯啤酒，另一只手用牙签戳一只虾。他对我说："我觉得我们日本人是十分可笑的佛教徒。我们总是不停地吃啊吃，毫无顾忌。要是你把肉夹到日本大乘佛教和尚的碗里，他是会吃掉的。动物又不是因为他的缘故被宰杀的。它们是为了俗世才被宰杀的。"而那位缅甸和尚就绝不会吃肉，他的生活中充满了各种清规戒律，而大乘佛教则是顺其自然，来什么吃什么。

大乘佛教的主张也有其暴虐残酷的一面，它同样可以催生战争。试想，如果万事万物都是合理的，那么战争也是合理的。如果你想肯定尘世，那就肯定尘世吧，就这么回事。如果你在世间的角色是要去杀戮，那就去杀戮吧，不要为此愧疚，不过也不必引以为豪。

作为总结，我要讲一则关于日本武士的精彩故事。说是有一个武士，历经数月追踪杀害他领主的凶手。有一天，他终于把凶手追得筋疲力尽，逼入死角。凶手倚着墙，听天由命。武士拔出了刀，正要动手之际，倚在墙根又怕又恨的凶手突然冲武士啐了一口。结果武士收刀入鞘，转身离去。

武士为什么要这么做？因为他被凶手的行为激怒了，若他是出于怒火杀了那人，杀戮之举就变成了个人行为，这就表明他还没有摆脱尘世的恐惧、欲望和愤怒的束缚。在凶手啐他之前，他始终能够克制自己，没有出现上述种种情绪，而现在，他失去了内心的平静，失去了内在的不动点，因而也就无法做到不动而动了。参加过田径比赛的人都知道，只有做到不动而动，才能成为一名合格的田径运动员。在比赛中，你既要有所行动，又仿佛一无所动。比赛的确正在进行，但只有在运动员不动而动的情况下，赛事才真正开始。

因此，在终极奥秘的层面上，佛教十分深奥难懂。但在现实实践中，它又是一种很容易使人产生共鸣、愿意皈依的宗教，因为人做的任何事情可以说都是在践行佛教。人最大的罪过在于懈怠，在于对生活失去警觉，在于对所处的每一个瞬间及其奥秘、对此时此地正在发生的事漫不经心。假如能够保持警觉，你就会发现，整个世界的奥秘与虚空都在照耀着你，你已身在彼岸。

这种感觉难以名状。彼岸即是此岸。此时此地，我们每个人虽然还沐浴着此岸的光辉，但也已身在彼岸。

Myths of
Light
Eastern Metaphors of
the Eternal

04
使者

Myths of
Light
Eastern Metaphors of
the Eternal

佛陀是佛性的奥秘在人世中的显现。他只是作为一个神话形象，作为墙上的影子，作为一名使者，指引着你寻找自己内在的佛性。借此，你与永恒、与存在之源走向合一。

内心深处的老虎

佛婴的哭泣

关于佛陀的诞生，有一则奇妙的小故事。佛陀是以奇迹般的方式从母亲的右肋诞生的。当时，天界众神纷纷降临，用一块金帛接住婴孩，把他放到地上。佛陀出生后做的第一件事，就是在地上走了七步。他上指苍穹，下指大地，声如雷霆："天上地下，唯我独尊。"①

我曾听过禅学大师铃木大拙博士的一个小型讲座，讲的便是这个话题。[1]"这是一件很可笑的事：才出生的婴儿居然走了七步，还说出那样的话。"他说，"大家也许会认为，他应该是在第二次诞生，即在菩提树下获得精神性的重生时，才做了这些事情。但是，"他接着说，"要知道，在我们东方，人们往往是什么都混为一谈的。我们没有精神与物质之分，肉体层面的诞生和精神层面的诞生是同一回事。"

① 此处与中国传统说法有一定出入。据《五灯会元·七佛·释迦牟尼佛》载，佛陀降生后"东西及南北，各行于七步"。——译者注

后来，他又举办了一场为时较长的讲座，继续引经据典地讨论这个话题，还假装弄丢了笔记，好使我们帮他回忆。大家都知道，中国的绘画总会留白，让观者运用自己的想象加以填补，从而将观者带入画中。同理，聪明的演讲者也会有意在讲座中留下一些漏洞。讲座现场往往会让人感到疏远，老师与学生都觉得彼此之间存在距离。于是，铃木博士笨拙地走来走去，故意发错一些音或假装弄丢了笔记，以便让我们都参与到教学活动中。而我们也的确参与进去了。

讲座临近尾声时，他说："婴儿出生时都是会哭的，那他们哭的时候究竟在说些什么？有人告诉我，婴儿说的就是'天上地下，唯我独尊'。"

"因此，"他说，"所有的婴儿都是佛婴。那么，摩耶王后的婴儿与你们的婴儿有什么区别呢？区别在于：摩耶女王的婴儿'知道'自己是个佛婴，正是基于这一认识，他才有了上述行为。而你们的婴儿呢，却还在由感官、谬误及我们的误导所织就的罗网中苦苦挣扎，他们需要冲破这张网。摩耶女王的婴儿，则已经历了全部的生死轮回。他之所以降临尘世，为的是最后一次顾视众生，用自己的今生来展示现实人生的图像。降生之时，他已与纯粹的意识合而为一。"

因此，一个人所要与之联结的乃是自身内在的佛性，而不是佛陀。就此而言，佛陀这个人是否真实存在过，对佛教徒来说无关紧要。基督徒理所当然地把基督的生平当作历史真实，但佛教徒却不必如此。救世主是否的确在历史中生活过，对基督徒来说是有区别的，但佛陀是否在历史中真实存在过，对佛教徒来说毫无二致。不论佛陀是一个神话形象还是一位历史人物，他都是佛性的奥秘在人世中的显现。佛陀是否存在，对一个人探寻自己内在的佛性毫无影响。他只是作为一个神话形象，作为墙上的影子，作为一个榜样，指引着你进入自己的内心去寻找它们，而后你就真的进去了。借此，你与永恒、与存在之源走向合一。

老虎与山羊

我想以印度的一则动物故事作为本书的结束。印度人的故事很精彩，也总能轻而易举地阐明世间的真意。下面这个寓言深受罗摩克里希那的喜爱。[①]

从前有一只怀孕的母老虎，在饥肠辘辘之时遇上了一小群山羊，它便激动地扑了过去，但由于用力过猛，什么都没抓到。山羊们逃之夭夭，它则躺倒在地，在产下幼崽后一命呜呼。山羊们回到原处，看到小老虎刚出生就没了母亲，出于身为父母的强烈本能，它们收养了小老虎。

小老虎慢慢长大，一直以为自己是只山羊。它学会了吃草，学会了咩咩叫。它从没在镜子中看到过自己，也就不知道自己并不是山羊。当然了，不论是食草，还是咩咩叫，都不符合老虎的天性，因而进入青春期后，它成为家族中相当可怜的一员。

后来有一天，有只庞大的公老虎外出觅食，正好袭击了前面那一小群山羊，山羊们再次逃过一劫。但那个年幼的孤儿毕竟是只老虎，它立于原地，迎着入侵者。

大老虎奇怪地看着他，说道："你这是怎么了，为什么会和山羊待在一起？"

"咩——"小老虎叫道，啃了口草。

大老虎深感耻辱，看到自己种族中的一员沦落至此，它太震惊了。它把小老虎暴揍了一顿，但换来的还是愚蠢的咩咩声。绝望之下，它叼着小家伙的脖颈，将它带到一个水平如镜的池塘边。

瑜伽的原理就是要抑止心的活动，使之如同宁静的湖水，让人看到自己的完整形象。这时，小老虎望向平静的池塘。大老虎，也就是小老虎的古鲁，也

---

① 可参见摩亨佐纳特·格塔：《室利·罗摩克里希那言行录》，王志成、梁燕敏译，宗教文化出版社，2008，第96页。——译者注

望向池塘。这只老虎古鲁说道："你看看我的脸，再看看你自己的脸。你有一张老虎的圆脸。你不是山羊。你和我一样，你要像我一样。"

小老虎又发出一声可笑的咩叫，但叫声中仿佛已多了些什么。

他再次被叼住了脖子，不过这次是被带到了虎穴。虎穴里躺着一只刚被捕杀的羚羊，浑身是血，看上去十分可口。大老虎从羚羊身上撕下一大块肉，塞给小老虎。

小老虎感到恶心，直往后退，说："我吃素的。"

"马上给我吃掉。"大老虎说完就把那块血淋淋的肉塞进它嘴里。小老虎连连作呕。"确是如此，"罗摩克里希那就此说道，"所有人在刚刚接受真正的教义时都是这种反应。"好吧，虽然感到反胃，但那些肉已渗入小老虎的血管，使它开始感到体内有什么东西在嗡嗡作响。这是它从未有过的感觉，这是适合它的食物。

老虎特有的天性不由自主地攫住了他，连它自己都没有意识到的时候，它像老虎一样伸了伸腰，发出一阵低鸣。这虽然还不是真正意义上的咆哮，但它足以让善于咆哮的大老虎确信，小老虎终能学会咆哮。

大老虎说道："现在咱俩一样啦。咱们现在到森林中去，吃老虎该吃的食物。"

我很喜欢这个故事，也曾把它讲给学生们听，当我问及其中的寓意时，他们回答："放只老虎进油箱。"[①] 这个故事要告诉我们：我们其实都是生活于羊群之中的老虎。因此，到森林中去，到幽暗的森林中去，到自己内心深处去，寻找那只熠熠发光的老虎吧！

---

① "Put a tiger in your tank"，美国埃索（ESSO）石油公司20世纪60年代的广告词，意为"加油"。——译者注

MYTHS OF LIGHT

注　释

引言　因陀罗的谦卑

1. 这篇引言选自题为 *Transformation of Myth Through Time* 的演讲（L1022）的开篇，该演讲于 1982 年 11 月 9 日在新墨西哥州圣达菲市发表。演讲稿的其余部分以 *From God to Goddess* 为题，作为 *Mythos* 视频系列的第一部分 *The Shaping of Our Mythic Tradition* 第四集公开发行。

2. 卡尔・荣格的集体无意识原型理论在坎贝尔的思想中具有至关重要的地位，相关讨论可参阅 *Mythos: The Shaping of Our Mythic Tradition*, episode Ⅰ, "Psyche and Symbol" (Los Angeles: Inner Dimension, 1996)；C. G. Jung, *The Portable Jung*, ed. Joseph Campbell, "The Concept of the Collective Unconscious" (New York: Viking Press, 1971)。

3. 西雅图酋长是普吉特海湾之滨索瓜米西族部落（Suquamish tribe）首领，后来以他名字命名的城市距离该地不远。1854 年，美国政府提出要购买其部落土地时，西雅图酋长发表了一篇演讲，其中就有这句话：“众所周知，大地不属于人类，而人类属于大地。”该演讲有若干版本，无一例外地经过了西方人有意识的编修和过滤。尽管如此，该演讲仍显明地传达了西方人到来之前，当地土著对人与自然关系的看法。

4. 坎贝尔于 1963 年购得这台电视，当时他因题为 *Mask, Myth and Dream* 的系列讲座上了纽约公共电视台。

5. Immanuel Kant, *A Critique of Pure Reason*, trans. Norman Kemp Smith (New York: St. Martin’s Press, 1985), p. 65.

6. 参看注释 3。

01　“梵”的理念的诞生

1. 本节和下一节内容主要选自 1972 年 2 月 3 日在社会研究新学院（New School for Social Research）发表的演讲，演讲题目是 *Oriental myth*（L382）；后以 *Interpreting Oriental Myth* 为题，作为 *The Joseph Campbell Audio Collection* 第三卷 *The Eastern Way* 的第一部分公开发行。

2. 马丁 · 布伯（1878—1965），哲学家、犹太教神学家。他最有名的著作是 *I and Thou*，New York: Touchstone Books, 1974，主要探讨自我（I）与现象世界之间的关系问题。现象世界中的事物和被造物要么被看作“它”（it），要么被看作“你”（thou）。

3. 哥舒姆 · 舒勒姆（Gershom Scholem，1897—1982）是犹太教神秘主义与宗教领域的一位著名作家。

4. 坎贝尔提到的这趟旅行发生在 1954—1955 年。他在旅行期间所写的日记已经出版，分别是 *Baksheesh & Brahman: Asian Journals-India*

和 *Sake & Satori: Asian Journals-Japan* (Novato, Calif.: New World Library, 2002)。

5. 近年的考古发现将青铜时代的开端确立为中国的夏朝，约为公元前2000年。就此来看，坎贝尔的观点仍有合理性。

6. 吉尔伯特·默雷（Gilbert Murray，1866—1957）是一名多产的翻译家、哈佛大学希腊文教授，曾领导过妇女权利运动和国际联盟运动。其文章 *Prometheus and Job* 似乎就是这句俏皮话的出处，也是坎贝尔此番比较的灵感来源。

7. 在坎贝尔撰写这部分内容时，尽管相关领域研究已取得不少突破，但这些文字仍未破译。

8. 有关“事法界”和“理法界”的进一步讨论，参看坎贝尔1955年日本之行的日记 *Sake & Satori* 第96–99页。

9. 本节内容选自1972年2月3日在社会研究新学院发表的演讲 *Oriental Myth*（L382）的后半部分，以及坎贝尔1957年11月在外交讲习所（Foreign Service Institute）发表的演讲 *Main Themes in India philososophy*（L24）的第三部分。前者曾以 *Interpreting Oriental Myth* 为题收入 *The Eastern Way*（*The Joseph Campbell Audio Collection*）第三卷第一部分公开发行。

10. 关于这一话题的详细论述，参见《汝即彼》第89–90页，113页。

11. 歌曲的作者被认为是巴厘岛的一位歌曲作家坎狄达萨（Candidasa，约15世纪）。译文基于 Shashibhusan Dasgupta, *Obscure Religious Cults As Background of Bengali Literature* (Calcutta: University of Calcutta, 1946), p. 137。

02 个体灵魂之旅

1. 本章与下一章内容主要选自 1966 年 10 月 17 日在赖特堂（Wainwright House）举办的 *Symbolism and Mystical Experience*（L121）系列讲座的第二部分；该讲座后以 *The Mystical Tradition in India* 为题，作为 *The Eastern Way*（*The Joseph Campbell Audio Collection* 第三卷）第三部分公开发行。其中，坎贝尔比较瑜伽意象与精神病意象的部分出自 1969 年 2 月 26 日在库伯联盟学院（Cooper Union）所作的题为 *Yoga* 的演讲（L245）。涉及克里希那与牧女的部分是一篇未发表文章的片段（Ⅰ 54），该片段可能选自 *Oriental Mythology*, vol. 2 of *The Masks of God* (New York: Viking, 1962)。《身体、意识与心灵的瑜伽》一节中的几段文字选自未发表的文章 *Erotic Yoga*（138）的片段。

2. 坎贝尔在好几部书中都讨论了这种思想，包括 *Sake & Satori*, p. 146; *Oriental Mythology*, pp. 294–95; and *Occidental Mythology*, vol. 3 of *The Masks of God* (New York: Viking, 1964), pp. 285–86, 362.

3. 坎贝尔昆达里尼瑜伽意象最为详细的评论，可参见 *The Inner Reaches of Outer Space: Metaphor As Myth and As Religion* (Novato, Calif.: New World Library, 2002), pp. 35–45, 或 *The Mythic Image*, Bollingen Series C (Princeton, N.J.: Princeton University Press, 1974), "The Lotus Ladder," pp. 330–91.

4. R. D. Laing, *The Politics of Experience* (London: Penguin Books, 1967).

5. Swami Nikhilananda, trans., *The Gospel of Sri Ramakrishna*, ed. Joseph Campbell (New York: Ramakrishna-Vivekananda Center, 1942), p. 242.

6. William Wordsworth, "Lines Completed a Few Miles above Tintern Abbey," ll. 98–102.

7. The Gospel According to Saint John, 1:1.

8. Saraha, *Dohakosa*, ed. P. C. Bagchi, nos. 47, 48, translation based on Shashibhusan Dasgupta, *Obscure Religious Cults As Background of Bengali Literature* (University of Calcutta, 1946), p. 104.

9. Dasgupta, *Obscure Religious Cults*, pp. 58–59.

10. Ibid., p. 158.

11. Arthur Schopenhauer *The World as Will and Representation* (*Die Welt als Wille und Vorstellung*), trans. E. F. J. Payne (New York: Dover Publications, 1966).

12. Nikhilananda, *The Gospel of Sri Ramakrishna*.

13. 这个故事改编自 Sister Nivedita (Margaret E. Nobel) and Ananda K. Coomaraswamy, *Myths of the Hindus and Buddhists* (New York: Dover Publications, 1967), pp. 228–35.

14. 本节与上一节内容主要选自 1966 年 10 月 17 日在赖特堂举办的 *Symbolism and Mystical Experience*（L121）系列讲座的第二部分，后以 *The Mystical Tradition in India* 为题，收入 *The Joseph Campbell Audio Collection* 第三卷，即 *The Eastern Way* 第三部分公开发行。

15. 本节内容选择 1968 年在亚洲协会举行的 *Art and Religion of India* 系列讲座的第二部分 *World Soul*，后以 *The World Soul* 为题收入 *The Joseph Campbell Audio Collection* 第二卷，即 *The Inward Journey-East and West*。

16. The Book of Genesis, 1:1–3.

17. Gottfried von Strassburg, *Tristan*, trans. A. T. Hatto (New York: Viking Press, 1960), p. xxx.

18. 本节内容基于1961年2月20日的讲座*Oriental Concepts of the Individual*（L43）；该讲座系库伯联盟论坛*Influences and Concepts*系列讲座之一。由于录音音质较差，没有以音频格式发行。

19. “人格面具”情结是荣格在讨论原型过程中涉及的心理结构之一。想要更多了解关于集体无意识之原型的理论，可参考引言《因陀罗的谦卑》注释2。

20. 本节内容选自1969年1月在贝洛伊特学院（Beloit College）举办的讲座*Imagery of Rebirth Yoga: The Tibetan Book of the Dead*（L243），后同样以*Imagery of Rebirth Yoga*为题，收入*The Joseph Campbell Audio Collection*第二卷，即*The Inward Journey-East and West*的第四部分公开发行。

21. Kazi Dawa-Samdup, trans., *The Tibetan Book of the Dead*, comp., ed. W. Y. Evans-Wentz, 3d ed. (London: Oxford University Press, 1960).

22. 这次会议在坎贝尔1955年印度之行的日记中有提及。参见*Baksheesh & Brahman: Asian Journals-India* (Novato, Calif.: New World Library, 2002), pp. 277–79.

23. 本节内容选自1968年1月31日在库伯联盟学院举办、在纽约公共电台上转播的演讲*Philosophical Concepts of Creativity in the Orient*（L191），后以*Creativity in Oriental Myth*为题，收入*The Eastern Way*（*The Joseph Campbell Audio Collection*）第三卷第五部分公开发行。

24. Joseph Needham, *Science and Civilisation in China*, vol. 2, *History of Scientific Thought* (Cambridge: Cambridge University Press, 1956).

25. Ananda K. Coomaraswamy, *The Transformation of Nature in Art* (New York: Dover Publications, 1956), p. 64.

26. 坎贝尔与专攻禅宗与道家思想的西方作家阿伦·瓦茨（Alan Watts）是好友。通过瓦茨，他认识了杰克·凯鲁亚克（Jack Kerouac）、尼尔·卡萨迪（Neal Cassady）和加里·斯奈德（Gary Snyder）等垮掉派的达摩流浪者。这些作家尝试将禅宗作为通往自发性创造与觉悟的门径。他们的事迹被凯鲁亚克写进了自己的几部小说中，其中最著名的便是 *The Dharma Bums* (New York: Viking Press, 1958)。

03 通往彼岸之舟

1. 本节材料源自关于耆那教的几次讲座中的若干段落；这些讲座是本书其他部分，尤其是关于印度教与佛教的讨论的基础。

2. Arthur Schopenhauer, "On the Sufferings of the World," *Studies in Pessimism: A Series of Essays*, trans. T. Bailey Saunders (London: Swan, Sonnenschein & Co., 1892). 贝利的译本比较到位："有人认为，这个世界是一个全知、全善、全能的存在者的完美之作。这种观点会遭到两个事实的反驳：第一，世间苦难无处不在；第二，作为世间最高级的产物，人显然是不完美的，而只是对完美状态的拙劣模仿。这两个事实与前述信仰绝难相容。相反，它们有力地支持和证明了我的看法：世界是我们自身罪恶的产物，因而最好是没有存在过。"

3. The Gospel According to Saint Matthew, 6:28–29.

4. 本节内容选自 1966 年 11 月 21 日在赖特堂举办的一次讲座 (L122)，该讲座是有关象征主义与神秘经验的系列讲座的第四场。后以 *Hinduism* 为题，收入 *The Eastern Way*（*The Joseph Campbell Audio Collection*）第三卷第三部分公开发行。

5. 几乎可以肯定，这位年轻人就是青年时期的吉杜·克里希那穆提（Jiddu Krishnamurti）；坎贝尔于 1924 年最初在一艘横渡大西洋的轮船上与他相遇。在此，坎贝尔可能是出于对克里希那穆提的敬重而没有道出他的名字。

6. 刘易斯·芒福德（Lewis Mumford，1895—1990），建筑师、城市规划师和哲学家。

7. 本节内容选自 1966 年 11 月 28 日在赖特堂举办的一次讲座（L123），该讲座系 *Symbolism and Mystical Experience* 系列讲座的最后一场。后以佛教 *Buddhism* 为题，收入 *The Eastern Way*（*The Joseph Campbell Audio Collection*）第三卷第四部分公开发行。其中探讨佛陀故事与耶稣故事之相似性的内容，源自 1983 年 1 月 23 日一次讲座（L821）后的现场解答。

8. T. S. Eliot, "Burnt Norton," *Four Quartets* (New York: Harcourt, Brace & Company, 1943), p. 15.

9. The Gospel According to Saint Thomas, Logion 113.

10. The Epistle of Paul the Apostle to the Philippians, 2:5–8.

11. 这一派佛教的信徒更愿意称之为上部座佛教（Theravāda Buddhism），而不是小乘佛教（Hinayāna），他们认为后者具有贬义。

12. 这两句诗及有关慧能的大部分故事均出自《六祖坛经》（*Platform*

Sū tra of the Sixth Patriarch）。此处所说的祖师即慧能本人。

13. 此次茶道似乎是在1958年日本东京举办的国际宗教史大会（International Congress for the History of Religions）期间举行的。

04 使者

1. 铃木大拙（Daisetz Teitaro Suzuki，1870—1966）是最早将日本佛教介绍到西方的学者，也是在西方最有影响力的日本思想家。他的著作和演讲对坎贝尔产生过重大影响。《禅学入门》（*An Introduction to Zen Buddhism*, New York: Philosophical Library, 1949）是其众多著述之一，序言为荣格所作。

约瑟夫·坎贝尔基金会简介

约瑟夫·坎贝尔基金会是一个延续约瑟夫·坎贝尔作品的非营利性组织，探索神话学和比较宗教学领域。基金会的三个主要目标：

第一，基金会保存、保护坎贝尔开创性的作品。这包括为他的作品创建目录，进行存档，基于他的作品开发新的出版物，管理他已出版作品的销售和发行，保护他的著作权，在基金会的网站上提供坎贝尔作品的数字形式，以扩大人们对他作品的了解。

第二，基金会促进神话学和比较宗教学的研究，支持那些旨在提高公众对这些领域认识的教育项目和活动，并将基金会的网站作为论坛进行跨文化相关交流。

第三，约瑟夫·坎贝尔基金会通过各种项目和活动丰富人们的生活，包括基于网络的全球性准会员项目，地区性的神话学圆桌讨论国际网络，以及定期举办的与约瑟夫·坎贝尔有关的各项活动。

若想了解更多关于约瑟夫·坎贝尔和

约瑟夫·坎贝尔基金会的信息请联系：

Joseph Campbell Foundation

C/O Citrin Cooperman & Company, LLP

290 West Mount Pleasant Avenue, Suite 3310

Livingston, NJ 07039

www.jcf.org

未来，属于终身学习者

我这辈子遇到的聪明人（来自各行各业的聪明人）没有不每天阅读的——没有，一个都没有。巴菲特读书之多，我读书之多，可能会让你感到吃惊。孩子们都笑话我。他们觉得我是一本长了两条腿的书。

——查理·芒格

互联网改变了信息连接的方式；指数型技术在迅速颠覆着现有的商业世界；人工智能已经开始抢占人类的工作岗位……

未来，到底需要什么样的人才？

改变命运唯一的策略是你要变成终身学习者。未来世界将不再需要单一的技能型人才，而是需要具备完善的知识结构、极强逻辑思考力和高感知力的复合型人才。优秀的人往往通过阅读建立足够强大的抽象思维能力，获得异于众人的思考和整合能力。未来，将属于终身学习者！而阅读必定和终身学习形影不离。

很多人读书，追求的是干货，寻求的是立刻行之有效的解决方案。其实这是一种留在舒适区的阅读方法。在这个充满不确定性的年代，答案不会简单地出现在书里，因为生活根本就没有标准确切的答案，你也不能期望过去的经验能解决未来的问题。

而真正的阅读，应该在书中与智者同行思考，借他们的视角看到世界的多元性，提出比答案更重要的好问题，在不确定的时代中领先起跑。

湛庐阅读 App：与最聪明的人共同进化

有人常常把成本支出的焦点放在书价上，把读完一本书当作阅读的终结。其实不然。

时间是读者付出的最大阅读成本

怎么读是读者面临的最大阅读障碍

“读书破万卷”不仅仅在“万”，更重要的是在“破”！

现在，我们构建了全新的“湛庐阅读”App。它将成为你“破万卷”的新居所。在这里：

- 不用考虑读什么，你可以便捷找到纸书、电子书、有声书和各种声音产品；
- 你可以学会怎么读，你将发现集泛读、通读、精读于一体的阅读解决方案；
- 你会与作者、译者、专家、推荐人和阅读教练相遇，他们是优质思想的发源地；
- 你会与优秀的读者和终身学习者为伍，他们对阅读和学习有着持久的热情和源源不绝的内驱力。

下载湛庐阅读 App，
坚持亲自阅读，
有声书、电子书、阅读服务，
一站获得。

著作权合同登记号：图字：01-2023-1266 号

图书在版编目（CIP）数据

光之世界 / (美) 约瑟夫 · 坎贝尔著 ; 黄增喜译
. -- 北京 : 华龄出版社 , 2023.5
书名原文 : Myths of Light: Eastern Metaphors of the Eternal
ISBN 978-7-5169-2505-8

Ⅰ . ①光… Ⅱ . ①约… ②黄… Ⅲ . ①神话—研究—亚洲 Ⅳ . ① B932.3

中国国家版本馆 CIP 数据核字（2023）第058219号

出版人 周　宏　　**责任印制** 李未圻
责任编辑 李　健　陈　馨　　**装帧设计** 湛庐文化

书　名	光之世界	**作　者**	［美］约瑟夫 · 坎贝尔
出　版 **发　行**	华龄出版社 HUALING PRESS		
社　址	北京市东城区安定门外大街甲 57 号	**邮　编**	100011
发　行	（010）58122255	**传　真**	（010）84049572
承　印	石家庄继文印刷有限公司		
版　次	2023 年 5 月第 1 版	**印　次**	2023 年 5 月第 1 次印刷
规　格	710mm × 965mm	**开　本**	1/16
印　张	13.75	**字　数**	195 千字
书　号	ISBN 978-7-5169-2505-8		
定　价	89.90 元		